AF503754

CARNET-GUIDE

DU

GENDARME

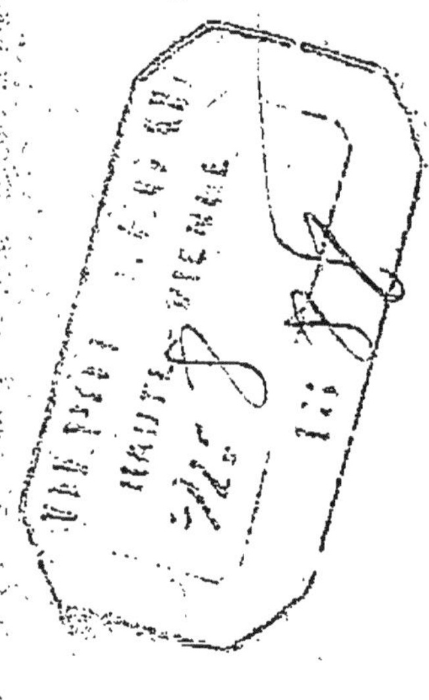

Revu, augmenté et mis à jour.

(5e ÉDITION)

PARIS	LIMOGES
11, Place Saint-André-des-Arts	Nouvelle route d'Aixe, 46

IMPRIMERIE ET LIBRAIRIE MILITAIRES

HENRI CHARLES-LAVAUZELLE

Editeur.

1888

PRÉFACE DE LA 5e ÉDITION

La 4e édition du *Carnet-Guide*, à peine parue, est déjà épuisée et nous avons dû en imprimer une cinquième.

Cet empressement des militaires de la gendarmerie est une preuve de l'utilité de ce modeste ouvrage, mais il nous crée l'obligation de le tenir constamment au courant.

Le succès du *Carnet-Guide* n'est pas dû uniquement aux soins que nous avons apportés à la partie matérielle, bien que nous ayons fait notre possible pour le rendre commode et élégant.

Ce succès provient du concours intelligent autant qu'obligeant qu'ont bien voulu nous prêter les chefs de l'arme et de l'empressement des chefs de brigades et des gendarmes à s'en pourvoir.

Chacun a compris que le *Carnet-Guide* n'était pas une œuvre personnelle, mais bien celle de tous.

Beaucoup nous ont aidé de leurs conseils, nous ont signalé des erreurs à corriger ou des additions à y apporter.

Nous leur en exprimons ici toute notre reconnaissance ; nous les prions de bien vouloir continuer à nous prêter leur précieux concours.

Nous tiendrons toujours compte des avis qui nous seront adressés, fût-ce par un simple gendarme, s'ils sont pratiques et justifiés. Nous ferons seulement observer que le *Carnet-Guide* est, comme son nom l'indique, un livre de poche et non un ouvrage destiné à l'étude des questions en détail.

Il convient donc de ne pas lui faire perdre ce caractère en le surchargeant des matières que l'on n'a pas besoin de traiter sur le terrain, mais seulement dans le bureau, et le dictionnaire Amade-Corsin est là pour répondre à tous les besoins.

AVANT-PROPOS

Tout militaire de la gendarmerie qui s'écarte dans son service de la ligne tracée par les règlements, ou qui néglige quelqu'une des formalités légales, se trouve passible de peines disciplinaires et même de poursuites.

L'étude des lois et règlements nécessite toujours un temps assez long et cependant aussitôt qu'un militaire nommé gendarme a prêté serment, il est appelé à exercer ses modestes, mais utiles et délicates fonctions.

Obligé d'avoir toujours sur lui un Carnet, on a pensé lui en donner un qui ne contienne pas seulement du papier blanc, mais encore un résumé bref de ses principaux devoirs et de ses droits.

Pour rendre les recherches plus faciles et plus rapides, on a groupé ensemble les différentes opérations que le gendarme peut être appelé à faire dans chacun des services ressortant de ses diverses obligations; chaque genre de service forme donc un chapitre spécial.

Cela permet ainsi au gendarme, même tout

récemment admis dans l'arme et commandé pour un service quelconque, de ne jamais sortir de sa caserne sans savoir ce qu'il va et doit faire. Il peut encore consulter son Carnet au cours de ce service, s'il se trouve indécis.

Le Carnet est non moins utile aux chefs de brigade. Il leur sert de conseiller dans les cas où la mémoire peut leur faire défaut.

Il permet encore d'initier successivement et rapidement les jeunes gendarmes aux principales de leurs obligations, sans attendre qu'ils aient pu apprendre en entier le décret du 1er mars 1854. Cela n'empêchera point néanmoins de leur faire réciter en même temps ceux des plus importants articles de ce décret, que tout gendarme doit savoir par cœur.

Pour la rédaction de ce Carnet, on s'est toujours appuyé sur un article de règlement, sur un texte légal, et la citation en a toujours été faite à la suite, afin de faciliter les recherches, et en vue de la rédaction des procès-verbaux devant suivre la constatation matérielle des faits.

Quand la matière ne le comportait pas, on s'est servi, à défaut d'autres, d'ouvrages spéciaux appuyés de l'autorité ministérielle.

Enfin, en l'absence de matériaux officiels on a recueilli des indications précieuses pour les opérations les plus délicates de l'arme, auprès de vieux et intelligents chefs de brigade, auxquels la pratique n'avait plus rien à apprendre.

Ce Carnet comble donc une lacune.

Nota. Des feuillets blancs intercalés à la suite de chaque service, permettent d'y inscrire les consignes particulières données par les chefs de l'arme.

CLASSEMENT DES DIVERS SERVICES

ABRÉVIATIONS

D. G. Décret du 1er mars 1854.
C. P. Code pénal.
C. P. C. Code de procédure civile.
C. I. C. Code d'instruction criminelle.
C. J. M. Code de justice militaire.
C. F. Code forestier.

CARNET-GUIDE

DU GENDARME

MÉTHODE

POUR LA RÉDACTION DES PROCÈS-VERBAUX

Il n'est pas rare de voir des gendarmes près de leur retraite qui sont encore embarrassés pour dresser leurs procès-verbaux ; cela provient uniquement de l'absence de la méthode, à laquelle la routine ne peut toujours suppléer. En suivant la marche que nous indiquons on sera tout étonné des résultats surprenants obtenus en peu de temps ; car trois mois au plus suffisent au gendarme le plus neuf dans l'arme.

Les principes que nous posons sont les suivants : chaque fois qu'un gendarme se met en mouvement, c'est en vertu d'un article de loi, ou de son règlement ; en vertu d'une réquisition légale ou d'un ordre de ses chefs. Il faut donc que les articles soient cherchés par le gendarme et qu'il commence ses procès-verbaux en indiquant qu'il agit en vertu de tel article.

Une fois en mouvement d'une façon légale, chaque acte du gendarme au cours de son opération, doit également s'appuyer d'un article de loi ou de règlement, et enfin il clôt son procès-verbal en indiquant pourquoi il le dresse, c'est-à-dire dans la plupart des cas en citant les articles du Code qui classant le fait rapporté au nombre de ceux délictueux, met le gendarme dans l'obligation d'en dresser procès-verbal.

On comprend facilement que le gendarme pour opérer ainsi est dans l'obligation continuelle de feuilleter les textes, qu'il arrive fatalement à les connaître et ensuite à les appliquer avec fermeté ; il prend l'habitude d'agir en s'inquiétant toujours de la légalité de ses actes ; que cette habitude le rend plus froid, mais d'autant plus énergique au besoin, car au lieu de la routine, bâton vermoulu et jamais sûr, il marche appuyé sur la loi, appui indestructible.

Quant aux chefs de l'arme, avec des subordonnés habitués à n'agir que la loi à la main, leur quiétude est plus que doublée.

Nous recommanderons aux gendarmes de rapporter dans leurs procès-verbaux, le pour et le contre avec impartialité et sans apprécier ; de faire usage de phrases courtes. Chaque fois qu'ils en feront de longues, elles seront embrouillées.

Quand ils reçoivent des dénonciations, déclarations ou témoignages, d'avoir soin de faire signer ceux qui les leur ont faits, de l'indiquer sur leur procès-verbal ou la cause pour laquelle ils s'y sont refusés. — Comme cela ils éviteront les démentis et les autres incidents d'audience toujours très fâcheux « nuisibles à leur considération. »

Enfin nous terminerons en engageant les chefs de brigade disposés à améliorer et perfectionner l'instruction de leur personnel, de répudier l'ancienne méthode employée pour le travail de la semaine et consistant à donner comme sujet de procès-verbal fictif, la contravention de roulage, le vol ou l'assassinat vulgaire que chacun copie sur les anciens cahiers et sans profit pour personne.

Le chef de brigade devra y substituer un véritable problème obligeant les gendarmes à chercher, à faire travailler leur cerveau et finalement les amenant au progrès.

Ainsi, au lieu de dire : « Vous ferez une contravention à la police du roulage », le chef de brigade devra l'écrire dans le sens suivant : » Vous allez porter une dépêche à tel endroit ; à environ tant de kilomètres vous rencontrez une voiture de telle condition ; il est six heures du soir, en hiver, il fait nuit, la lanterne n'est pas allumée. Vous faites arrêter le conducteur qui vous déclare n'avoir pu allumer, le vent l'en ayant empêché. Dites comment vous opérez et citez les articles en vertu desquels vous agissez. »

Afin de bien faire comprendre la méthode que nous préconisons, nous donnons le modèle ci-après de procès-verbal ; nous ferons remarquer que chacun des actes des gendarmes est, ainsi que nous le recommandons, appuyé d'un article.

MODÈLE DE PROCÈS-VERBAL

Cejourd'hui, etc.

Agissant en vertu de l'article 330 *du décret du* 1er *mars* 1854 et nous trouvant sur le chemin de grande communication n°... territoire de la commune de..... nous avons fait rencontre de trois individus qui, à notre aspect, cherchaient à cacher quelque chose dans un tas de sarments déposés dans le fossé dudit chemin. Supposant qu'il s'agissait d'un délit, nous les avons ramenés à l'endroit indiqué, et là nous avons reconnu qu'un engin de pêche, dit trouble, enveloppé dans une toile de sac, ainsi qu'une perche en bois destinée à s'emmancher dans l'engin avait dû servir à prendre du poisson, car cette trouble était encore toute mouillée; un des trois individus portait encore sur son épaule un sac contenant les poissons pris en délit.

Les ayant questionnés sur leur identité et sur la provenance de ces objets, il nous ont successivement fait les déclarations suivantes :

1° « Je me nomme X....., tous ces objets, trouble et sac, m'appartiennent, les poissons qui sont dans le sac nous les avons pêchés en commun dans la rivière de X....., je reconnais le délit. »

2° « Je me nomme C....., je reconnais avoir pêché avec le nommé X....., l'engin et le sac lui appartiennent, c'est moi qui portais les poissons. »

3° « Je me nomme C....., je n'ai pas pêché avec mon frère ni avec X....., je venais de me promener quand je les ai rencontrés, je reconnais avoir porté l'engin de pêche quand vous nous avez aperçus. »

Nous avons examiné les poissons et nous avons reconnu qu'il y avait des truites, des vairons, et des poissons blancs, le tout pesant environ deux kilogrammes; nous avons constaté que deux des truites n'atteignaient pas la dimension réglementaire de 14 centimètres de longueur.

En conséquence nous avons déclaré aux susnommés que nous dresserions contre eux procès-verbal.

1° Pour pêche en temps prohibé (*article* 1er *du décret du* 10 *août* 1875 *sur la pêche;*

2° Pour pêche de poisson n'ayant pas la dimension réglementaire (*article* 8.)

3° Pour pêche avec filet prohibé (*article* 13), nous leur avons en outre saisi le poisson pêché en délit en vertu de l'*article* 39 et l'avons remis contre reçu à M. le maire de..... conformément à l'*article* 42 de la loi de 1829 afin qu'il reçoive la destination que de droit.

Et nous avons enfin saisi la trouble en vertu de l'*article* 39 pour la déposer au greffe du tribunal de 1re instance de..... en conformité de l'*article* 41 de la loi de 1829 susmentionnée;

En foi de quoi, vu l'art. 488, etc.

Fait et clos à..... les j..... etc.

Les gendarmes sont mis en mouvement en vertu de l'article 330 du décret, qui leur fait un devoir de la répression des délits de pêche. Chaque acte délictueux est bien défini. Après avoir déclaré le procès-verbal pour contravention aux articles 1er, 8 et 13, l'action de la saisie du poisson est indiquée légale par la mention de l'article 39, la remise du poisson au maire par celle de l'article 29, la saisie de l'engin prohibé par l'article 39 et le dépôt au greffe par l'article 41 de la loi de 1829. Enfin le procès-verbal est dressé en vertu de l'article 488 du décret au 1er mars 1854.

CHAPITRE Ier

Service de ville.

Demande. Où les gendarmes doivent-ils, de préférence, se rendre et stationner ?

Réponse. Dans les endroits fréquentés, aux abords des cafés, cabarets et autres lieux publics, et se porter avec rapidité partout où a lieu un rassemblement et où un désordre peut se produire.

D. Sur quoi doit particulièrement porter leur attention ?

R. Sur les faits ci-après, comme les plus fréquents et comme nécessaires à constater pour la sécurité publique.

Accidents aux personnes. — D. Que doit faire la gendarmerie quand elle en a connaissance ?

R. Elle en dresse procès-verbal. Souvent la victime doit être déclarée auteur et seule responsable de l'accident dû à son imprudence, à sa maladresse, à sa négligence ou à la non-observation d'un article de loi ou d'un arrêté local. Il est donc indispensable de bien indiquer la cause de l'accident et de préciser la part de responsabilité de chacun.

Animaux. — D. Est-il permis de blesser ou tuer volontairement des animaux ?

R. L'article 479 du Code pénal punit ceux qui, soit volontairement, soit même par *imprudence* ou *maladresse*, auront causé la mort d'animaux appartenant à autrui, ou les auront blessés.

D'autre part, sont punissables en vertu de la loi du 2 juillet 1850 tous ceux qui, *publiquement* et *abusivement*, exercent de mauvais traitements sur les animaux *domestiques*. (320. D. G.)

Auberges, cafés, cabarets. — D. Quand la gendarmerie a-t-elle le droit d'y pénétrer ?

R. Tant qu'ils restent ouverts au public. Mais si, l'heure de fermeture arrivée, entendant du bruit au dedans et voulant y pénétrer, elle trouve les portes closes, elle ne peut en exiger l'ouverture, si le chef d'établissement s'y oppose. Elle se borne alors à observer du dehors et à verbaliser ensuite, en rapportant ce qu'elle a pu voir et entendre, et en mentionnant le refus qui lui a été opposé. (Loi du 22 juillet 1791 et art. 129 de la loi du 28 germinal an VI.)

Consommateurs. — D. Doit-on verbaliser contre les consommateurs retardataires?

R. Seulement si l'arrêté préfectoral qui règle l'heure de la fermeture des lieux publics fait mention des consommateurs. L'insertion de leurs noms au procès-verbal fournit ainsi la preuve de l'infraction.

Evacuation des lieux publics. — D. La gendarmerie a-t-elle le droit de les faire évacuer par ceux qui s'y trouvent?

R. *Même* après l'heure de la fermeture elle ne le peut que si elle est *requise* à cet effet par le maire, l'adjoint ou le commissaire de police, lesquels alors doivent être *présents* à l'opération, comme au reste cela est indispensable *toutes les fois* qu'il s'agit de pénétrer dans le domicile d'un citoyen. (*Dictionnaire des connaissances générales utiles à la Gendarmerie.*) (1)

Tapage ou rixe à l'intérieur. — D. Mais cependant s'il y avait tapage ou rixe?

R. La sûreté publique se trouvant alors compromise, la gendarmerie a le devoir, tant que les

---

(1) H. Charles-Lavauzelle, 1 vol. in-8° de 800 pages, broché 5 fr., relié 6 francs.

lieux publics sont *ouverts*, d'y pénétrer pour y arrêter les tapageurs *inconnus* ou *récalcitrants*. S'ils sont fermés, elle prévient l'autorité locale, et c'est à elle d'aviser. *(Dict. des conn. génér. utiles à la Gendarmerie.)*

Délai de tolérance avant de constater le défaut de fermeture. — D. Les gendarmes de service doivent-ils dresser procès-verbal pour contravention à l'arrêté de fermeture, aussitôt frappé le dernier coup de l'heure?

R. C'est un *droit;* mais comme il s'ensuit généralement alors des contestations devant les tribunaux, il est, d'ordinaire, préférable de n'user de ce droit qu'avec modération, et de laisser le temps moral nécessaire pour évacuer, en ne se présentant qu'à l'expiration du quart d'heure dit de grâce.

Auberges et hôtelleries. — D. Quel registre doit-il s'y trouver?

R. Un registre destiné à l'inscription des voyageurs. Les gendarmes doivent *fréquemmcnt* s'assurer qu'il est tenu à jour ; faute de quoi, verbaliser conformément aux art. 290 D. G. et 475 C. P.

Fanal obligatoire. — D. N'y a-t-il pas parfois une prescription obligatoire pour ces sortes d'établissements?

R. Oui, lorsqu'il existe un arrêté municipal. S'il se trouve sur l'un des côtés de la voie publique des voitures en station dont les chevaux sont remisés à l'intérieur, il doit y avoir un fanal allumé au-dessus de la porte principale (471. C. P.), et si lesdites voitures ne sont pas éclairées, on doit encore verbaliser contre l'*auber-*

giste ou l'*hôtelier*, parce que ces voitures constituent un danger dans l'obscurité. (Cass. 19 août 1847.)

Chants. — D. Quels sont ceux à réprimer?

R. De jour, ceux qui sont injurieux ou obscènes ; de nuit, tous sans exception, parce qu'ils troublent le repos des habitants.

Alors même qu'ils partent de maisons particulières ou de lieux publics, verbaliser est un devoir, si ces chants troublent les voisins pendant le temps de nuit, ou si des paroles injurieurieuses ou obscènes sont entendues distinctement du dehors. (479. C. P.)

Légalement, le temps de nuit s'étend du coucher au lever du soleil ; mais dans la pratique il y a lieu habituellement, pour les chants et tapages nocturnes, de tenir compte, dans une *certaine limite*, des habitudes locales, c'est-à-dire de l'heure à laquelle la pluralité des habitants commencent à prendre leur repos.

Chevaux et voitures. — D. Quelle est la surveillance à exercer par la gendarmerie?

R. Empêcher que les chevaux et voitures attelés ne parcourent *au grand trot* ou *au galop* les endroits habités, particulièrement au tournant des rues, ce qui compromet la sécurité des personnes. (475. C. P.)

Chiens. — D. Quels sont les devoirs de la gendarmerie à cet égard?

R. Ayant pour premier devoir de réprimer tout ce qui est de nature à compromettre la sécurité des personnes (1er. D. G.), la gendarmerie doit verbaliser contre ceux qui excitent les chiens après les passants ou qui ne les retiennent pas lorsqu'ils les poursuivent. Lors même que les chiens se contentent d'aboyer après les personnes sans les mordre, cela suffit pour qu'il y ait divagation et par suite devoir de verbaliser. (475. C. P.)

Escroqueries. — D. Quelle est la différence à établir entre le vol et l'escroquerie?

R. Le voleur prend sans demander; l'escroc se fait donner en trompant.

D. La gendarmerie a-t-elle le droit d'arrêter les escrocs?

R. Elle ne peut que verbaliser en vertu de l'art. 405. C. P.; à moins toutefois que le coupable étant sans domicile, ou en vagabondage, il soit possible de lui appliquer l'art. 333 du décret du 1er mars.

Consommateur. — D. Mais s'il s'agissait d'un consommateur s'étant fait donner à boire ou à manger dans un établissement public, alors qu'il se savait dans l'impossibilité de pouvoir solder sa dépense?

R. La loi du 26 juillet 1873 en ayant fait un vol prévu et puni par l'art. 401. C. P., il y a lieu d'arrêter celui qui s'en est rendu passible.

Faits contraires aux mœurs. — D. Définissez-les en les énumérant?

R. 1° L'outrage public à la pudeur est constitutif du fait de montrer publiquement ses parties sexuelles ou de se livrer publiquement encore à l'acte de la génération. La gendarmerie doit verbaliser en vertu de l'art. 330. C. P.

2° L'attentat aux mœurs prévu par l'art. 334. C. P., est applicable à ceux qui excitent ou favorisent la débauche de mineurs de l'un ou l'autre sexe.

3° L'attentat à la pudeur est un crime puni par l'art. 331. C. P. Il est constitutif du fait de s'être livré à des attouchements sur les parties sexuelles d'enfants de moins de treize ans de l'un ou l'autre sexe.

L'art. 332. C. P. s'applique au même fait tenté ou consommé avec violence, mais sur des personnes plus âgées.

Feux de cheminées. — D. Quand la gendarmerie en est informée, que doit-elle faire?

R. Verbaliser dans tous les cas. (471. C. P.)

Incendies. — D. Quelle doit être la conduite des gendarmes?

R. S'informer tout d'abord des personnes pouvant se trouver en danger, afin de leur porter secours. S'il y a des animaux dans ce cas, les faire sortir des écuries ou étables en leur couvrant les yeux avec des couvertures ou d'autres étoffes épaisses, afin de leur dérober la lueur des flammes. Placer sur les chevaux une selle, un collier ou un harnais, aux bœufs un joug est quelquefois un bon moyen pour les déterminer à quitter le bâtiment en feu Empêcher les courants d'air qui activent les flammes. (278. D. G.)

Cheminées. — Dans les feux de cheminées, débuter par faire tomber la suie embrasée à l'aide d'un balai ; l'éteindre avec *un peu* d'eau. Fermer hermétiquement l'ouverture du foyer au moyen d'un drap ou d'une couverture préalablement mouillée et maintenue par le haut, sur la tablette, avec les mains et par le bas avec les pieds. Une autre personne, saisissant à poignée le drap par son centre, le tire avec force vers elle, pour déplacer la colonne d'air et provoquer la chute de la suie embrasée dans un seau ou baquet d'eau, que l'on a eu le soin de placer tout d'abord dans l'âtre. (*Manuel des Sapeurs-Pompiers.*)

Fuite de gaz. — Si l'incendie est alimenté par une fuite de gaz, ou si l'on redoutait une explosion, fermer le robinet d'arrivée et aplatir le tuyau en avant. Si cela ne suffisait pas pour boucher une fuite, employer du mastic, de la terre et des chiffons.

Feu dans les caves. — Fermer les portes et boucher les soupiraux, à l'exception de l'ouverture par laquelle l'eau doit être jetée, en évitant de la lancer sur les voûtes, de crainte de les faire éclater.

Essences enflammées. — Sur les essences enflammées, les esprits, le pétrole, on ne doit jeter de l'eau qu'après avoir couvert ces matières de fumiers, de fourrages, de terres ou de sables, le tout fortement mouillé avant d'être employé.

Si ces liquides enflammés s'écoulaient au dehors, en régler la direction au moyen de rigoles ou petits talus en terre et se garder de les envoyer dans un cours d'eau.

Mesure d'ordre. — Eloigner les curieux. Former les chaînes en plaçant les travailleurs à *un mètre* l'un de l'autre. Empêcher qu'on jette par les fenêtres les meubles ou objets pouvant se briser dans leur chute ou blesser les personnes. (279. D. G. et 479. C. P.)

Faire déposer les objets sauvés à l'endroit désigné par l'intéressé, en les donnant en garde à quelqu'un de sûr. (279. D. G.)

Verbaliser contre ceux qui refusent de se mettre à la chaîne, l'abandonnent ou bien jettent le trouble par leurs faits, gestes ou paroles. (278. D. G.)

S'informer de l'endroit précis où le feu s'est déclaré et s'il provient de négligence, imprudence ou *malveillance*. Dans ce dernier cas, s'assurer de la personne sur laquelle planent les soupçons (281. D. G.)

Ne quitter la place que quand *tout* danger a disparu (282. D. G.)

Refus de secours. — D. Requise au nom de la loi, une personne peut-elle le refuser?

R. En cas d'incendie, d'accident, de tumulte, etc., c'est un droit et un devoir de réclamer secours et celui qui le refuse tombe sous l'application de l'art. 475. C. P.

Les gendarmes ne doivent donc pas hésiter de le réclamer, surtout de ceux qui chercheraient à entraver leur action. C'est même quelquefois un bon moyen de sortir d'embarras que de requérir, au nom de la loi, un meneur ou un opposant d'aider à conduire ou maintenir un perturbateur en état d'arrestation. Dans tous les cas, on assure la punition du récalcitrant, qui se place alors sous le coup de l'art. 476. C. P., la paix publique étant compromise. V *le Dictionnaire des connaissances nécessaires à la gendarmerie. Réquisition,* refus.

Immondices. — D. Est-on répréhensible en en jetant *imprudemment* sur les personnes?

R. *Volontairement* ou *imprudemment*, cela constitue une contravention prévue par l'art. 471. C. P.

Injures. — D. Que doit faire un gendarme quand il entend un individu insulter *sans provocation* une personne quelconque?

R. Dresser procès-verbal contre l'insulteur en vertu de l'art. 471. C. P. en ayant soin de *rapporter* les injures proférées.

Si les injures ont été réciproques, il y a alors tapage injurieux, fait prévu par l'art. 480. C. P. que l'on doit alors invoquer.

De nuit, il n'est pas nécessaire de *rapporter les injures*, pour avoir le droit de verbaliser, il suffit que la dispute ait produit tapage. (479. C. P.)

Ivrognes. — D. Quelle est la ligne de conduite à tenir à leur égard?

R. Les conduire au violon municipal et les y déposer, après les avoir *fouillés*, s'ils sont un objet de scandale par leur tenue, gestes ou propos. (Art. 11 de la loi du 23 janvier 1873.)

Dans le cas contraire, on peut se borner *à leur faire regagner leur domicile*, mais en verbalisant néanmoins.

Débitants. — D. Doit-on rechercher ceux ayant donné à boire à des gens déjà ivres?

R. Oui, et verbaliser, s'il y a présomption suffisante. (Art. 4 de la loi du 23 janvier 1873, tendant à réprimer l'ivresse.)

Il y a encore lieu de verbaliser contre les débitants ayant négligé d'*afficher* dans leur salle principale le *texte de ladite loi*. (Art. 12.)

Jets de pierres. — D. Que constitue l'action de jeter des pierres, des corps durs?

R. En jeter ainsi que des immondices contre les personnes et même contre les maisons, clôtures ou dans les jardins, constitue des contraventions prévues par l'art. 475. C. P.

Blessures. — S'il en était résulté des blessures contre les personnes, l'art. 330. C. P. est applicable; s'il s'agit d'animaux ou de dégâts causés aux propriétés, c'est l'art. 479. C. P.

Jeux de hasard et loteries. — D. Quand la gendarmerie doit-elle intervenir?

R. Lorsque ce sont des étrangers qui les tiennent et les font tirer dans les rues, cafés, auberges, sur les chemins et places publiques, et non des habitants de la localité qui en font un simple amusement, *peu onéreux* pour les joueurs. (475. C. P.)

Les tables et enjeux doivent être saisis et leurs propriétaires conduits chez le maire (332. D. G.) pour constatation d'identité; mais la saisie et le procès-verbal qui en fait mention ne doivent pas moins avoir lieu, *quand même* le maire aurait donné *l'autorisation*. (Cass. 5 septembre et 15 novembre 1839.)

Matériaux. — D. Que doit-on exiger lorsqu'il y en a de déposés sur une route ou toute autre voie publique?

R. Que ces dépôts soient éclairés, selon l'art. 471. C. P., ainsi que les excavations du sol, lesquelles doivent être en outre entourées de garde-fous.

Monuments, promenades, plantations. — D. La gendarmerie a-t-elle une surveillance à exercer à l'égard des monuments publics, des promenades et des plantations. ?

R. Elle est tenue de verbaliser contre ceux qui les salissent, les dégradent ou les coupent, selon qu'il est dit 479. C. P.

Pétards et artifices. — D. Est-il permis de tirer des pétards ou autres pièces d'artifice ?

R. Oui, sauf dans les endroits où cela a été défendu par des arrêtés municipaux. Dans ce dernier cas, verbaliser en vertu de l'art. 471. C. P., et confisquer les pièces d'artifice. (472. C. P.)

Outrages ou voies de fait envers la gendarmerie. — D. Que faut-il entendre par ces termes ?

R. Sont outrages : les paroles injurieuses, les gestes insolents ou indécents.

Constituent des voies de fait : les bourrades et les coups.

D. Que doit-on faire de ceux qui s'en rendent coupables envers la gendarmerie ?

R. Les arrêter *immédiatement* et les conduire devant le procureur de la République. (301. D. G.)

Violences ou voies de fait envers les personnes. — D. La gendarmerie doit-elle intervenir lorsqu'elle aperçoit quelqu'un exerçant des violences ou voies de fait contre les personnes ?

R. C'est non seulement son droit mais encore son devoir, et elle est tenue d'arrêter celui qui s'en rend coupable. (300. D. G.)

Remise à la gendarmerie par des militaires. — D. La gendarmerie a-t-elle le pouvoir, même en présence d'un *ordre écrit*, de maintenir en état d'arrestation des individus qui lui sont amenés par des militaires (quel qu'en soit le grade) ayant été outragés ou injuriés?

R. Elle ne peut que recevoir les plaintes de ces militaires et en dresser procès-verbal en vertu de l'art. 224. C. P., qui vise les outrages envers les dépositaires de la force armée.

Cela fait, sous peine de se rendre complice d'une arrestation arbitraire (632. D. G.), elle est tenue de remettre en liberté les individus qui lui ont été amenés; à moins cependant qu'*en sus* des outrages ou injures, ils n'aient commis un acte assimilable au flagrant délit.

D. Mais s'il s'agit de militaires qui lui sont conduits en vertu d'un ordre?

R. Elle doit alors les recevoir sur réquisition *écrite et motivée* du chef de corps ou de détachement, portant de les conduire devant le général commandant la subdivision de région. (334. D. G. modifié par la circ. minist. du 8 février 1860.)

CHAPITRE III.

Service dans les gares.

A l'extérieur. — **D. Quels sont les devoirs des gendarmes ?**

R. Dans les cours et aux abords de la gare, empêcher les conducteurs d'omnibus, de voitures publiques et les commissionnaires d'assaillir les voyageurs ; de prendre et charger les colis contre leur gré. Les empêcher encore de se battre, quereller ou de gêner la circulation.

Verbaliser contre les cochers qui abandonnent leur attelage (474. C. P.), contre les entrepreneurs de diligences ou d'omnibus dont les voitures ne portent pas *lisiblement* écrit à *l'intérieur* et dans un endroit *apparent* le nombre de places et le prix exigible par voyageur et par colis. (Art. 30 du règlement sur le roulage.)

A l'intérieur. — **D. En quoi consiste le service à l'intérieur ?**

R. A rechercher les individus signalés et à prêter main-forte, lorsqu'ils en sont requis, aux commissaires de surveillance et aux autres agents préposés à la surveillance des chemins de fer, y compris les gardes-barrières. (459. D. G.)

Dans la pratique et à moins de nécessité impérieuse, la main-forte doit être réclamée par un des chefs de service à la gare

4° Se renseigner sur les gens mal famés, ne se livrant à aucun travail. Savoir s'ils s'absentent; si c'est de jour ou de nuit; si leurs absences sont fréquentes et prolongées. (333. D. G.)

Ces indications permettent souvent de découvrir les auteurs de méfaits restés jusque-là inconnus.

5° Demander si des militaires décorés ou médaillés sont décédés. Dans ce cas, prendre les dates de nominations dans l'ordre et du décès, le nom du corps dans lequel ils avaient servi et leur dernier grade. Indiquer s'ils étaient en activité ou en retraite.

6° S'assurer que les militaires en congé se conduisent bien et que ceux dont le titre est expiré ont rejoint leur corps. (348. D. G.) S'il y en a de décédés, le constater par procès-verbal et y joindre une copie de l'acte de décès ; retirer les effets militaires et en dresser un inventaire.

7° Faire visiter en leur présence ceux de ces militaires ne pouvant rejoindre pour cause de maladie subite. Dresser procès-verbal de cette visite, auquel on annexe, légalisé par le maire, le certificat du médecin. Faire parvenir ces pièces au général commandant la subdivision de région. (350. D. G.)

D. Les gendarmes ont-ils encore d'autres renseignements à prendre ?

R. Oui. 1° Demander s'il y a des maraudeurs, mendiants valides, vagabonds, dans les environs, afin de les rechercher. (333. D. G.)

2° S'il règne des maladies contagieuses sur les personnes (324. D. G.) ou des épizooties sur le bétail. (326. D. G.)

3° S'il y a des auberges où l'on se livre au jeu ou à la débauche ; ou encore restant ouvertes après l'heure réglementaire.

Heures des tournées. — D. Quelles sont celles devant être choisies?

R. Les heures doivent continuellement varier en raison du temps, de la saison, des habitudes locales. Il doit en être de même des itinéraires à suivre, seule manière d'arriver à la connaissance parfaite de tous les chemins de la circon scription.

Pendant le parcours. — D. Sur quoi doit se porter l'attention des gendarmes?

R. Principalement sur les faits suivants devant être constatés par procès-verbaux et les auteurs recherchés :

1° Feux allumés à moins de cent mètres des habitations ou des bois. (148. C. F.)

2° Dégradations commises aux haies, clôtures, fossés, arbres bordant les routes et dégâts commis dans les champs. (315-322. D. G.)

3° Boissons transportées en fraude. (302. D. G.) (Voir aux opérations diverses pour la manière d'opérer.)

4° Individus exerçant des professions ambulantes en contravention à la loi du 7 décembre 1874, relative aux enfants âgés de moins de seize ans. L'acte de naissance des enfants devra toujours pouvoir être produit.

5° Voituriers et rouliers en contravention à la loi sur le roulage. (Voir le résumé du service de surveillance de cette loi.)

Faits à signaler. — D. Quels sont les faits que la gendarmerie a obligation de signaler aux autorités administratives?

R. Animaux trouvés morts. On doit requérir le maire de la commune, sur le territoire de laquelle ils sont trouvés, de les faire enfouir

(325. D. G.); quant à ceux de ces animaux morts atteints de maladies contagieuses, ils doivent l'être avec leur cuir. (326. D. G.)

Dénoncer aux maires les propriétaires ayant négligé de faire écheniller. (327. D. G.)

Individus devant être arrêtés. — D. Quels sont-ils?

R. 1° D'abord tous ceux en flagrant délit de crime ou délit (*Loi du* 20 *mai* 1863) et comme il a été déjà dit au service de ville.

2° Ceux qui, par imprudence, négligence ou rapidité de leurs animaux ou voitures, ont blessé des personnes ou commis des dégâts. (319. D. G.) Les conduire devant le maire, lequel constate leur identité et se fait déposer, au besoin, des garanties en vue des dommages causés.

3° Ceux qui, dans les foires ou marchés, tiennent des jeux de hasard. Les conduire également devant le maire. (332. D. G.) La saisie des instruments et enjeux en est faite en vertu de l'art. 475. C. P.

4° Ceux qui mendient avec menaces, faux certificats, déguisements, pendant la nuit, en simulant des infirmités, en s'introduisant dans les maisons, ou enfin qui sont valides, c'est-à-dire en état de faire un travail quelconque, ou encore les mendiants invalides ou âgés trouvés mendiant hors du lieu de leur domicile. (333. D. G.)

Les mendiants invalides ou âgés trouvés se livrant *par hasard* à la mendicité *en dehors* de leur commune doivent être conduits devant le maire *de la localité où ils sont rencontrés*, et celui-ci peut les mettre en liberté, si leur identité lui est connue; mais si c'est chez eux une habitude de mendier *hors* de leur commune, ils sont susceptibles d'être conduits directement devant le procureur de la République.

Séjour dans les communes. — D. Les gendarmes doivent-ils se borner à traverser les communes dont ils ont la surveillance et à faire signer leur feuille?

R. Leur devoir est d'y rester tout le temps nécessaire non seulement pour s'enquérir des crimes ou délits ayant pu être commis, pour y remplir les missions dont ils ont été chargés par leur chef de brigade, mais encore afin de s'assurer que les lois et règlements y sont observés et d'agir exactement comme ils le doivent faire étant à leur résidence en service de ville. Ils doivent encore visiter les habitations isolées.

Zone frontière. — La gendarmerie est tenue de signaler par la voie de ses chefs aux officiers du génie, les travaux que l'on exécute, dans la zone frontière, sur les routes, chemins vicinaux ou forestiers, sur les cours d'eau navigables ou flottables, sur leurs ponts, toutes les fois que ces travaux dépassent ce qui est nécessité par leur entretien et à l'exclusion de tous travaux de construction ou d'amélioration. (Circ. minist. du 10 août 1854 et du 27 mars 1877.)

Espionnage. — Toute personne qui, par des moyens frauduleux, se sera introduite dans une place forte, un poste, un établissement militaire ou maritime, ou qui aura exécuté des levés ou opérations topographiques dans un rayon d'un myriamètre autour des places fortes, postes, établissements militaires ou maritimes, doit être arrêtée par la gendarmerie et mise à la disposition de l'autorité judiciaire. (Loi du 18 avril 1886 et circ. confid. n° 4 du 10 novembre 1886.)

CHAPITRE III.

Service dans les gares.

A l'extérieur. — **D. Quels sont les devoirs des gendarmes ?**

R. Dans les cours et aux abords de la gare, empêcher les conducteurs d'omnibus, de voitures publiques et les commissionnaires d'assaillir les voyageurs ; de prendre et charger les colis contre leur gré. Les empêcher encore de se battre, quereller ou de gêner la circulation.

Verbaliser contre les cochers qui abandonnent leur attelage (474. C. P.), contre les entrepreneurs de diligences ou d'omnibus dont les voitures ne portent pas *lisiblement* écrit à *l'intérieur* et dans un endroit *apparent* le nombre de places et le prix exigible par voyageur et par colis. (Art. 30 du règlement sur le roulage.)

A l'intérieur. — **D. En quoi consiste le service à l'intérieur ?**

R. A rechercher les individus signalés et à prêter main-forte, lorsqu'ils en sont requis, aux commissaires de surveillance et aux autres agents préposés à la surveillance des chemins de fer, y compris les gardes-barrières. (459. D. G.)

Dans la pratique et à moins de nécessité impérieuse, la main-forte doit être réclamée par un des chefs de service à la gare

Main-forte. — D. Que doit-on entendre par prêter main-forte ?

R. C'est aider à quelqu'un. Par conséquent, la personne à laquelle on vient en aide doit réciproquement, soit par elle-même, soit par les agents sous ses ordres, concourir à l'action.

Militaires. — D. Quels sont les devoirs du gendarme de planton à leur égard ?

R. Il doit demander l'exhibition des permissions ou congés aux sous-officiers et soldats qui *arrivent* ou qui *partent* afin de s'assurer qu'ils sont en position régulière.

Militaires en retard ou sans titre. — D. Que doit faire le gendarme de ceux dépourvus de titre régulier ou étant en retard de rejoindre ?

R. Il doit les arrêter (336. D. G.), pour les conduire ensuite directement à leur corps, si leur garnison est plus rapprochée de la brigade que le chef-lieu de département.

Dans le cas contraire, ou si le régiment du militaire arrêté n'a pas sa garnison parfaitement connue, la conduite a lieu sur le chef-lieu du département. Le militaire est remis à la place sur l'ordre du général commandant la subdivision régionale. (340 D. G.)

Militaires ivres. — D. Quel est le rôle du gendarme à l'égard des militaires ivres, en mauvaise tenue ou troublant l'ordre ?

R. Il prend le numéro matricule, celui du régiment et le nom des hommes débraillés, en mauvaise tenue ou troublant l'ordre, et fait parvenir ces renseignements hiérarchiquement à l'autorité militaire.

Il arrête les militaires en état d'ivresse et les conduit à la chambre de sûreté de la caserne.

Ces militaires une fois rentrés dans leur état normal sont mis en liberté, et mention du motif de retard apporté à leur voyage est faite sur leur titre d'absence dans la forme ci-après :

« En état d'ivresse, le (date) au train de (heure), par le gendarme X, conduit à la chambre de sûreté de la brigade de X et mis en liberté le (date), à (heure). »

Le chef de brigade signe ensuite.

L'arrestation est constatée par procès-verbal en triple expédition dont la première est destinée au général commandant la subdivision de région et la deuxième au chef de corps.

Tenue des gendarmes. — D. Quelle est l'attitude à garder par les gendarmes de service à l'intérieur des gares ?

R. Il leur est défendu de fumer et de causer sans nécessité pendant l'arrêt des trains. Ils doivent s'abstenir *de s'attabler dans les buvettes* et leur tenue doit être irréprochable. (Circ. minist. du 15 décembre 1878.)

Crimes, délits et contraventions sur les voies ferrées. — D. La gendarmerie a-t-elle qualité pour les constater ?

R. Non. Elle doit se borner à en rendre compte à ses chefs, mais au moyen de rapports et non de procès-verbaux. (315-652. D. G. ; Circ. minist. du 1er octobre 1859.)

CHAPITRE IV.

Opérations diverses.

Notifications. — *Assignation à témoigner.* — D. Si exceptionnellement la gendarmerie en est chargée, comment la notifier ?

R. Pour plus de sûreté, à la personne elle-même et la remise doit avoir lieu en main propre. Au cas où, bien que présente, la personne ne serait pas à son *domicile* quand la gendarmerie s'y présente, il est prudent de porter l'assignation au maire, qui vise l'original et reste chargé de la remise de la copie. (107. D. G.; 72. C. I. C. et 4. C. P. C.)

En agissant ainsi, la responsabilité du gendarme est complètement à l'abri.

Extrait de la liste du jury. — D. Comment se notifie un extrait de cette liste ?

R. Exactement comme une assignation à témoigner. (108. D. G. et 4. C. P. C.)

Mandat de comparution. — D. Comment se notifie ce mandat ?

R. Les gendarmes doivent se borner à l'exhiber à celui qui en est l'objet, à lui en donner lecture, puis à lui en délivrer copie. (97. C. I. C.) Mais ils ne peuvent arrêter l'individu contre lequel il est décerné, alors même qu'ils auraient la certitude qu'il n'y obéira pas ; mais il est alors de leur devoir d'en informer le procureur de la République, afin qu'il puisse aviser.

Main-forte aux huissiers. — D. Que doivent faire les gendarmes, quand les huissiers viennent réclamer la main-forte ?

R. Exiger une réquisition *écrite* et la justification du mandat ou du jugement. (459. D. G.)

D. Quel est le rôle de la gendarmerie pendant que l'huissier opère ?

R. Elle doit rester complètement étrangère aux opérations des huissiers porteurs de mandats d'arrestation ou chargés de faire une saisie. Son rôle se borne à les protéger contre *seulement les voies de fait et à lever les difficultés* qui pourraient entraver leur action. (98. D. G.)

D. Les gendarmes ont-ils un procès-verbal à dresser ?

R. Après avoir pris connaissance de celui dressé par l'agent auquel ils ont prêté main-forte, les gendarmes *peuvent* le signer, si la sincérité de l'acte leur paraît établie ; mais ils n'ont pas de procès-verbal à dresser par eux-mêmes, tant que leur assistance est restée passive. Leur service est justifié par une inscription au Journal de la brigade. (490. D. G.)

Mais si leur assistance avait dû devenir active, c'est-à-dire au cas où par exemple, obligé de garantir l'agent qui les a requis, ils devenaient eux-mêmes l'objet d'outrages ou de voies de fait, ils auraient alors à verbaliser conformément à l'art. 301. D. G.

Boissons transportées en fraude. — D. Comment les gendarmes sont-ils autorisés à s'en assurer et comment doivent-ils procéder ?

R. Rencontrant une voiture chargée de fûts pouvant contenir des liquides soumis aux droits, ils doivent demander au conducteur l'exhibition du congé, passavant ou acquit-à-caution. Puis s'assurer principalement : 1° S'il y a identité entre le nombre des fûts et celui qui est consigné au congé ; 2° si les liquides sont bien de la nature de ceux qui y sont indiqués ; sinon verbaliser.

Il y a encore lieu de le faire : 1° lorsque le conducteur ne peut ou ne veut exhiber son congé ; 2° si la voiture est rencontrée dans une direction autre que celle indiquée au congé ; 3° si le conducteur est trouvé déchargeant ailleurs que chez le destinataire dénommé.

D. Que doivent faire des gendarmes lorsqu'ils sont certains de la contravention ?

R. S'ils reconnaissent le délinquant solvable, après estimation approximative du chargement en fraude, de la voiture et des chevaux, ils laissent le tout à sa charge, sous promesse formelle d'en représenter la valeur à toute réquisition de la justice. Mais ils les conduisent devant le receveur buraliste le plus proche afin de lui faire délivrer un acquit-à-caution. (Lettre circulaire de la Direction générale du 20 mars 1872.)

Si le délinquant est jugé insolvable, et ne peut fournir de caution suffisante, il est conduit avec son chargement chez le receveur buraliste le *plus proche.*

Si le délinquant est inconnu, il est amené devant le maire de la commune sur laquelle il est rencontré, pour constatation d'identité et fournir caution.

En thèse générale, les chargements ne doivent être retenus, c'est-à-dire la saisie réelle opérée, que si les gendarmes se trouvent en présence de fraudeurs de profession. (Circ. minist. du 13 mai

1872 et instruction du directeur général des contributions indirectes du 20 mars 1872.)

Cadavres découverts; mort violente. — D. Que doivent faire les gendarmes qui font la découverte d'un cadavre, ou qui apprennent qu'il en a été trouvé, ainsi que toutes les fois qu'il y a mort violente?

R. Faire prévenir l'officier de police judiciaire le plus à proximité, afin qu'un médecin soit requis d'avoir à constater s'il y a eu suicide, accident ou crime.

S'assurer que l'inhumation n'a eu lieu qu'après cette formalité remplie; puis dresser procès-verbal de constatation, en ayant le soin d'énumérer les valeurs trouvées sur le cadavre, surtout si c'est celui d'une personne étrangère à la localité. (283. D. G.)

Aliénés. — D. Dans quelles limites la gendarmerie est-elle appelée à intervenir?

R. Elles doit se *borner* à se saisir des aliénés furieux ou dangereux pour la sécurité publique, puis à les remettre entre les mains du maire de la commune. Mais tout danger étant conjuré, la gendarmerie ne peut être commise *ni à leur garde, ni à leur transport dans un hospice.* (Circ. minist. du 25 mai 1872.)

Inondations. — D. Quels sont les premiers devoirs de la gendarmerie?

R. Empêcher la circulation sur les points reconnus dangereux; se porter au secours des personnes menacées et à défaut de meilleurs moyens, si des citoyens courageux se dévouent pour le sauvetage des inondés, faire réunir deux barriques vides par une bonne traverse de bois. Cet appareil soutient le sauveteur, amortit des chocs souvent dangereux et peut ensuite s'utiliser pour sauver les personnes.

Visites domiciliaires, perquisitions. — D. Quand la gendarmerie est-elle en droit d'en faire et quelles sont alors les formalités à observer?

R. Hors le flagrant délit, la gendarmerie n'a jamais le droit de s'introduire dans une maison sans la volonté du maître. (292. D. G.) Soit donc qu'il s'agisse de la notification d'un mandat, d'un jugement, soit qu'il s'agisse de rechercher des objets volés, au moyen d'une perquisition, on ne peut pénétrer *de force* dans la maison d'un citoyen, sans se faire assister du maire ou d'un autre officier de police judiciaire.

Attentats contre les personnes. — D. Que doivent faire les gendarmes à la nouvelle d'un attentat contre la vie de quelqu'un?

R. Se porter rapidement sur les lieux du crime. S'assurer si la victime respire encore, afin de requérir de suite un médecin d'avoir à lui donner ses soins. Envoyer en même temps prévenir et leur chef et l'autorité judiciaire du lieu.

Si les gendarmes se trouvent en présence d'un cadavre, empêcher qu'on y touche et que l'on foule aux pieds les traces pouvant exister alentour.

Examiner les gens qui viennent en curieux, car si l'assassin n'est encore ni soupçonné, ni connu, il arrive fréquemment qu'il ne peut s'empêcher de venir regarder et écouter.

Si des indices de culpabilité suffisants viennent à se produire contre quelqu'un de présent, s'en saisir et le garder à vue jusqu'à l'arrivée de la justice.

Si l'assassin présumé a pris la fuite, s'élancer sur ses traces, tout en informant par exprès ou télégramme les brigades voisines, et faire garder le cadavre.

Emeute, sédition. — D. Quelle conduite la gendarmerie doit-elle tenir?

R. Epuiser d'abord tous les moyens de conciliation et conserver le plus grand calme, qui n'exclut ni la fermeté, ni la résolution, afin d'agir avec une grande vigueur si cela devenait malheureusement nécessaire.

Usage et emploi des armes. — D. Dans quelles circonstances les gendarmes ont-ils le droit de faire usage de leurs armes?

R. De leur propre initiative, ils ne peuvent faire usage de leurs armes que dans les *trois* cas ci-après :

1° S'ils sont l'objet de violences suffisamment graves ou de voies de fait, c'est-à-dire si on les frappe rudement, si on leur lance des pierres ou autres corps durs devant les blesser (297. D. G.)

2° Si on tente de leur enlever par la force le ou les prisonniers confiés à leur garde ou arrêtés par eux en cas de flagrant délit, ou enfin si on cherche à les chasser du poste qu'ils ont charge d'occuper. (297. D. G. et C. P.) Ils repoussent, dans ces cas, la force par la force, en vertu d'ordres militaires, et sont couverts par leurs règlements.

3° S'ils sont mis en joue, leur vie se trouvant directement menacée. (Circ. minist. du 30 nov. 1853.) Ils obéissent à un ordre ministériel.

L'art. 417 du décret du 1er mars 1854 ne doit pas être pris au pied de la lettre ; c'est-à-dire que les gendarmes n'ont pas le *droit* de faire feu sur un prisonnier qui s'évade de leurs mains, même après l'avoir sommé de s'arrêter. Tant qu'ils ne sont pas l'objet de violences de sa part, ils n'ont pas le pouvoir de tirer dessus, leur vie n'étant nullement menacée. L'art. 417 précité n'est donc applicable qu'au cas de conduite d'un convoi considérable de prisonniers et entrant en révolte contre les quelques gendarmes chargés de l'escorte.

Contrainte par corps. — D. Comment se met-elle à exécution?

R. Ces sortes d'arrestations ne peuvent avoir lieu : 1° avant ou après le coucher du soleil ; 2° les dimanches et jours fériés ; 3° dans les édices consacrés au culte, pendant les offices ; 4° dans le lieu et pendant les séances des autorités constituées ; 5° dans une maison quelconque, même celle du domicile, à moins qu'il n'ait été *ainsi ordonné ;* 6° si le débiteur est muni d'un sauf-conduit. (781-782. C. P. C.)

D. Où doit être conduit le débiteur arrêté?

R. Où il est indiqué sur la réquisition écrite du procureur de la République, en vertu de laquelle l'arrestation a lieu. Cette réquisition est absolue, et la gendarmerie n'a d'autre mission que de la mettre à exécution. Et c'est au procureur qu'il appartient, s'il le juge à propos, d'indiquer sur son réquisitoire que la personne arrêtée sera mise en liberté, si elle s'acquitte de sa dette.

Néanmoins, si la personne arrêtée demandait à être conduite en référé, il y aurait lieu de la mener devant le président du tribunal, lequel a le droit de prononcer la mise en liberté.

Plaintes et dénonciations. — D. Quelle différence y a-t-il entre une plainte et une dénonciation?

R. Lorsque la déclaration d'un fait délictueux est rapportée par la personne *lésée,* c'est une *plainte.* Mais si le fait rapporté ne la concerne pas *personnellement,* c'est une *dénonciation.*

D. La gendarmerie doit-elle verbaliser dans les deux cas?

R. Oui, elle y est obligée par l'art. 488. D. G. Mais elle doit avoir la précaution, si les *déclarations* ne lui sont pas remises par écrit, de les faire signer par leurs auteurs. S'ils ne veulent ou ne savent, mention doit en être faite au procès-verbal.

D. La gendarmerie a-t-elle le droit d'opérer une arrestation à la suite d'une plainte ou dénonciation, soit verbale, soit écrite?

R. Non. Il lui faut tout d'abord s'assurer que le fait rapporté a été réellement commis; ensuite que le coupable se trouve encore dans un des cas constituant le flagrant délit. (632. D. G.)

Cependant, si l'individu était un repris de justice ou un vagabond, il devrait être arrêté.

Heures des arrestations. — D. Quelles sont les heures auxquelles les arrestations peuvent avoir lieu légalement au domicile des citoyens, c'est-à-dire en dehors des lieux publics?

R. Du 1er avril au 30 septembre, pas avant quatre heures du matin et après neuf heures du soir. Du 1er octobre au 31 mars inclus, pas avant six heures du matin et pas après six heures du soir. (291. D. G.)

Inculpé présent. — D. Comment s'y prendre dans ce cas?

R. S'il ne refuse pas l'entrée de son domicile, lui signifier le mandat, lui en donner lecture, lui en délivrer copie et l'arrêter. (97. C. I. C.)

Refusant l'entrée. — Si l'inculpé refuse l'entrée, garder son domicile à vue pendant qu'un gendarme se détache pour requérir le maire ou l'adjoint ou le commissaire de police d'avoir à faire ouvrir les portes de vive force; puis vaincre la résistance. (Loi du 29 sept. 1791.)

Refus des officiers de police. — Si les officiers de police précités refusaient leur intervention, cerner la maison et faire prévenir de suite le procureur de la République.

Résistance armée. — D. Mais si malgré l'intervention d'un officier de police judiciaire *présent*, l'inculpé ne se contentant pas d'une résistance passive, venait à lancer des projectiles, à tirer des coups de feu sur ceux appelés à pénétrer chez lui de par la loi, quels seraient les moyens pratiques à employer pour le réduire?

R. L'art. 99 du Code d'instruction criminelle et l'art. 170 de la loi du 28 germinal an VI, disent que l'inculpé devra être contraint, au besoin par la force. Il est utile d'y joindre la ruse pour éviter des malheurs. C'est pourquoi on cherchera à faire user les munitions du rebelle. Brûler du foin mouillé de telle sorte que la fumée épaisse qui s'en dégage soit chassée de son côté, afin de dérober les mouvements des assaillants. Attacher sur deux roues assemblées par un essieu une longue et forte poutre, et lancer ce bélier contre les ouvertures pour les enfoncer.

L'entrée, devenue praticable, s'élancer tous ensemble à un signal convenu *d'avance*, afin d'éviter d'être frappés successivement. Pendant ce temps, partie des assaillants embusqués à l'abri font feu du côté de l'assiégé pour appeler sur eux son attention afin d'en profiter pour donner l'assaut.

Inculpé réfugié. — D. Si un individu devant être arrêté s'était réfugié dans la maison d'un particulier qui en refuserait l'entrée à la gendarmerie, que devrait-elle faire?

R. La gendarmerie ne peut que cerner la maison et réclamer les instructions du procureur de la République. Elle pourrait encore, s'il y avait urgence, requérir la présence d'un officier de police judiciaire de la localité et agir en déployant la force. (293. D. G.)

Pendant la nuit. — D. Lancée à la poursuite d'un individu en flagrant délit de crime ou sous le coup d'un mandat d'arrestation, la gendarmerie apprend qu'il s'est réfugié dans une maison autre que la sienne, mais le temps de nuit est arrivé ; que peut-on faire?

R. L'intérêt de la sécurité des personnes fait un devoir à la gendarmerie de prévenir le chef de cette maison de la situation. Alors s'il donne son agrément on opère l'arrestation, comme sur sa réquisition. (291. D. G.)

Mais en cas de refus, la gendarmerie ne peut insister, et sa seule ressource est alors de cerner la maison en attendant l'heure légale pour agir comme il est dit ci-dessus et dresser procès-verbal contre le recéleur, après lui avoir toutefois fait connaître que l'individu poursuivi est un criminel. (Art. 248 du C. P.)

Inculpé dans les lieux publics. — D. Les gendarmes ont-ils le droit d'y pénétrer pour le rechercher et l'arrêter?

R. Oui, jusqu'à l'heure où ils sont fermés au puqlic. (290. D. G.) Dans les maisons dites de tolérance, il est permis d'y pénétrer à toute heure de jour et de nuit. (129 de la loi de germinal an VI.)

Inculpé dans une église. — Si le lieu public était un édifice consacré au culte, bien qu'on soit *en droit* d'y pénétrer lorsqu'il est ouvert au public, il est cependant convenable (à moins d'urgence) d'attendre la fin de l'office, ou intervalle de deux messes, pour y opérer une arrestation.

Inculpé dit absent. — D. Quelle doit être la manière d'opérer?

Mandat d'amener. — Si les gendarmes porteurs d'un mandat d'*amener* n'ont pas rencontré l'individu contre lequel il est décerné, et après s'être présentés à son domicile, il faut se rendre chez le maire de la commune, lui exhiber le mandat et lui faire *viser* l'original du procès-verbal de recherches infructueuses. (105. C. I. C.)

Mandat d'arrêt. — Si les gendarmes sont porteurs d'un mandat d'*arrêt,* la perquisition devra être faite en présence des deux plus proches voisins que les gendarmes *pourront* trouver, lesquels signeront au procès-verbal. S'ils ne le savent ou ne le veulent, mention en sera faite.

En cas de refus des voisins, on doit s'adresser au maire pour les remplacer. La 1re expédition du procès-verbal est ensuite *visée* par le maire ou le juge de paix, et il en est laissé copie. (109. C. I. C.) Si l'absence est notoire, la perquisition ne doit pas se faire.

Inculpé hors de l'arrondissement judiciaire. — D. Si le recherché est trouvé hors de l'arrondissement du juge ayant délivré le mandat, que faut-il faire?

R. Etant porteur du mandat, on conduit l'inculpé devant l'autorité locale, qui est requise de *viser* ce mandat et ne peut s'opposer à sa mise à exécution. (98. C. I. C.)

D. N'y a-t-il pas une exception?

R. Oui, si le recherché était trouvé à *plus de cinquante kilomètres* du domicile de l'officier de police qui a délivré le mandat et si la date de ce mandat était antérieure de *plus de 48 heures*. L'inculpé serait alors conduit devant le procureur de l'arrondissement dans lequel on se trouverait ; ce magistrat décerne alors un mandat de dépôt.

Si cependant lors de son arrestation, l'inculpé était trouvé nanti d'objets pouvant faire présumer qu'il est auteur ou complice du crime pour lequel il est recherché, il serait alors conduit *directement* devant le juge mandant. (100. C. I. C.)

Inculpé arrêté. — D. Quelles sont les précautions à observer par les gendarmes pour éviter d'être victimes d'un excès de complaisance?

R. Aussitôt l'arrestation *signifiée* la responsabilité des gendarmes est absolue. (416-423. D. G.) Tout en ayant des formes polies et mêmes courtoises, si l'inculpé en est susceptible, les gendarmes s'assurent de sa personne et doivent se retrancher sur la rigueur de la consigne, pour opposer un refus à toute démarche pouvant faciliter une évasion. Les adieux de la famille, une syncope simulée, un vêtement à changer, un besoin naturel à satisfaire sont parfois autant de prétextes dont il faut se méfier.

Avant de laisser entrer dans une pièce, exiger la fermeture des fenêtres et des portes de communication. N'autoriser l'ouverture des placards et cabinets qu'après s'être assurés qu'ils n'ont pas une issue par laquelle on peut s'échapper. Exiger même que la porte des cabinets d'aisances reste entr'ouverte, s'il y a un besoin à laisser satisfaire, et prendre des précautions pour qu'on ne puisse se verrouiller en *dedans*.

Inculpé laissé à la garde des gendarmes. — D. Quelles sont les précautions à prendre pour éviter les évasions?

R. Tant que les gendarmes n'ont pas obtenu décharge des individus mis par eux en état d'arrestation ou leur ayant été remis en garde par des autorités ou même de simples citoyens, les ayant surpris en flagrant délit, ils en restent complètement responsables.

Si donc la pièce où le prisonnier a été déposé en attendant sa conduite devant l'autorité judiciaire n'offrait pas les plus sérieuses garanties, et surtout si l'on avait affaire à un malfaiteur dangereux, il faudrait lui placer les menottes. S'il tentait de briser les portes ou les cloisons, on peut enchaîner les jambes à hauteur des chevilles.

Si le local était en communication *directe* avec des rues ou des chemins publics, il faudrait faire le guet pour empêcher complices ou complaisants de percer un mur ou de forcer une serrure.

On devrait agir de même, si la chambre de sûreté de la caserne n'était pas bien établie.

Il faut encore s'assurer que le baquet de propreté et les pièces du lit de camp ne peuvent être démontées, car un bout de planche, un morceau de fer suffisent parfois pour creuser une ouverture par laquelle le prévenu s'évade.

En un mot, les gendarmes ne doivent jamais employer de rigueurs *inutiles* (415. D. G.); mais ils doivent aussi ne jamais oublier que toute négligence, tout défaut de surveillance, toute complaisance *non justifiée* par les règlements, peut amener une évasion qui les place sous le coup de punitions disciplinaires et même de poursuites. (237. C. P. et art. 7 de la loi du 4 vendémiaire an VI.)

Opérations judiciaires dans un bâtiment militaire. — *Citation à remettre.* — D. Comment doit s'y prendre la gendarmerie ayant une citation à remettre à un militaire logé dans un bâtiment militaire?

R. Il est convenable d'aviser d'abord le chef de corps ou de détachement de la mission dont on est chargé, afin qu'il puisse donner des ordres. On se présente au chef du poste de la garde de police, pour se faire conduire devant l'adjudant de semaine, en présence duquel on remet la citation au militaire qu'elle concerne. (Lettre ministérielle du 27 novembre 1860.)

Si le militaire était en fuite, la citation serait notifiée de préférence à un officier comptable et visée par le chef de corps.

Arrestation. — D. Si la gendarmerie était chargée d'une arrestation dans une caserne, comment opérer?

R. Il faudrait encore aviser par écrit le chef de corps ou de détachement, afin de lui demander les facilités pour remplir sa mission.

On se présente ensuite à la caserne, à l'heure convenue et donnée par le chef de corps. La remise du militaire devant être arrêté est faite par les soins de l'adjudant de semaine, en présence duquel on remplit les formalités exigées pour l'arrestation des militaires.

Enquête. — D. La gendarmerie est fréquemment appelée à faire des enquêtes, particulièrement en vertu d'ordres militaires ou de réquisitions administratives, quelle est la forme qui doit être employée et comment les faire?

R. La forme à employer est généralement celle du procès-verbal, conformément à l'art. 487. D. G. La gendarmerie doit recueillir les renseignements sous forme de déclarations signées, conservées à la brigade, mais rapportées dans le procès-verbal. Les gendarmes ne doivent pas se borner à les réclamer du maire et des parties intéressées, mais encore des personnes ayant un intérêt contraire, ou tout au moins désintéressées. On doit contrôler toutes ces déclarations, quand cela est possible, et en consigner le résultat. Ce n'est qu'à ces conditions qu'une enquête est complète et permet à l'autorité de statuer.

Lorsque les renseignements demandés sont en dehors des cas prévus par les instructions en vigueur, consulter ses chefs avant d'y faire droit.

Dans certains cas, comme pour des secours, des mariages, etc., un bulletin de renseignements suffit.

Sont formellement interdites les demandes plus ou moins mystérieuses tendant à se procurer des renseignements que l'on ne pourrait pas recueillir *franchement* et *légalement*. (119. D. G.)

CHAPITRE V

Service de transfèrement de prisonniers.

Sexes. — D. Peut-on transférer ensemble des personnes de sexe différent?

R. Cela est absolument défendu. (368. D. G.)

Conduite par voiture ou voie ferrée. — D. Si la conduite ne devant avoir lieu à pied est faite par voiture ou voie ferrée, quelles en sont les conditions?

R. En voiture, personne ne peut y prendre place, sauf le conducteur et les gendarmes, si ces derniers sont à pied.

Par chemin de fer, un compartiment de 2e classe doit être mis à la disposition des gendarmes, et *aucun voyageur* ne peut y être admis. (Circ. minist. du 14 juillet 1858 et instr. du 5 mai 1865.)

Pièces indispensables. — D. Quelles sont celles dont les gendarmes doivent être porteurs?

R. 1° Les ordres de conduite qui doivent être *individuels*, ainsi que les feuilles de route, s'il s'agit de militaires.

Chaque ordre de conduite doit indiquer le signalement du prisonnier; le bordereau des pièces destinées à suivre doit être porté en *marge*; enfin la copie certifiée du mandat, de l'ordre ou de la réquisition en vertu desquels l'arrestation a eu lieu doit être inscrite *au dos.*

2° Le carnet de correspondance n° 8 sur lequel doit se donner le *reçu* des prisonniers, pièces, paquets ou effets confiés à la garde des gendarmes et dont ils doivent faire la remise.

Devoirs des gendarmes avant le départ. — D. Quels sont-ils?

R. Les gendarmes commandés doivent se rendre la veille à la prison afin de s'assurer si les prisonniers à transférer sont en état de partir. Si leur santé ou leur âge ne leur permet pas la marche, il faut requérir le maire de les faire visiter par un médecin, afin, s'il y a lieu, que le convoi soit accordé.

Si, devant faire la route à pied, leurs chaussures étaient mauvaises, il faut encore requérir le maire de leur faire délivrer celle à laquelle sont habitués les prisonniers : souliers, sandales ou sabots.

Devoirs au départ. — D. Quels sont ceux des gendarmes?

R. 1° S'assurer que les signalements répondent à ceux des individus à transférer; 2° que les ordres de conduite sont complets; 3° que rien ne manque des pièces ou effets énumérés au bordereau; 4° fouiller les prisonniers, leur retirer argent, objets dangereux ou tranchants, et en faire mention sur les feuilles (386. D. G.); 5° placer les chainettes, vérifier la solidité des cadenas et de leurs serrures, en essayant de les ouvrir au moyen d'une violente secousse.

Devoirs en route. — D. Quels sont-ils?

R. Ne pas laisser les prisonniers mendier, s'enivrer; ne pas boire avec eux. (381-382. D. G.)

Précautions pendant le trajet. — D. Quelles sont celles à ne pas négliger?

R. Dans les endroits escarpés ou boisés, près des cours d'eau, sur les ponts, enfin, la nuit, la meilleure précaution est d'enrouler autour du poignet gauche d'un des gendarmes de l'escorte un des bouts de la chaîne par laquelle le prisonnier est attaché. Ce moyen est encore excellent lorsque, la conduite ayant lieu par voiture ou par chemin de fer, les gendarmes ont à redouter de succomber au sommeil, par suite de la chaleur ou de la fatigue. Il est encore applicable en traversant des centres populeux, et toutes les fois qu'on conduit un prisonnier dangereux, condamné à une forte peine, ou un grand criminel. Défaire les bretelles, les boucles du pantalon ou les ceintures des prisonniers, sont encore parfois de bonnes mesures de précaution.

Si les gendarmes sont à cheval, il ne leur est nullement défendu d'en user ainsi, mais ils ne doivent jamais attacher le prévenu à une partie quelconque du harnachement. (416. D. G.)

Prisonniers tombant malades en route. — D. Qu'en faut-il faire?

R. Requérir le maire de la commune *la plus voisine* de fournir le moyen de transport nécessaire pour la conduite jusqu'à la résidence de la brigade, l'hôpital ou la maison de détention la *plus proche*. Les y déposer et en tirer *reçu*. (390. D. G.)

Prisonniers qui meurent en route. — D. Comment agir?

R. **Prévenir** le maire de la commune *sur laquelle* un prisonnier est décédé et l'inviter à faire procéder à son inhumation dans les délais légaux. Les gendarmes doivent signer l'acte de décès et s'en faire délivrer une copie, qu'ils joignent à leur procès-verbal. (389. D. G.)

Tentative violente d'évasion. — D. Quelle est la conduite à tenir?

R. Une tentative d'évasion n'a jamais lieu de la part des prisonniers, que par suite d'un défaut de surveillance des gendarmes de l'escorte ou par un oubli des précautions indiquées. Mais elle peut se produire, si elle est provoquée par des perturbateurs cherchant à délivrer des camarades compromis. C'est alors que les gendarmes doivent faire application des art. 297 et 417 D. G. en faisant usage de leurs armes, tant contre ceux qui cherchent à leur enlever leurs prisonniers, que contre ces derniers, s'ils tentent de se dégager violemment.

D, Si, par suite de l'usage des armes, quelque prisonnier était resté sur place, que doit faire la gendarmerie?

R. Elle doit informer immédiatement l'officier de police judiciaire le plus à *proximité*, afin qu'il puisse se rendre de suite sur les lieux. (418. D. G.)

D. La conduite devrait-elle être interrompue s'il y avait d'autres prisonniers?

R. Non, à moins de décision contraire de l'autorité judiciaire ou administrative. (420. D. G.) Les gendarmes doivent seulement requérir le maire de faire garder le cadavre et lui faire remise, contre *reçu*, des prisonniers ayant été blessés, s'il y en avait, au point de ne pouvoir continuer la route, même sur voiture requise à cet effet.

Evasion. — D. Si, pour quelque cause que ce soit, une évasion avait eu lieu, que devraient faire les gendarmes?

R. Se mettre sur les traces de l'évadé, et faire prévenir les brigades voisines par la voie la plus rapide en donnant le signalement et la direction supposée. (422. D. G.)

D. Doit-on indiquer quelque part toute tentative d'évasion?

R. Oui, en *marge* de l'ordre de conduite, et à l'encre rouge, si cela se peut. (416. D. G.)

Militaires transférés. — D. De quoi doivent s'assurer les gendarmes avant de les recevoir?

R. 1° Qu'ils sont pourvus de tous les effets mentionnés à l'inventaire, lequel doit *toujours leur être remis;* car s'il manque des effets une fois à destination, les gendarmes sont tenus de les payer.

2° Que les militaires ont chacun une feuille de route individuelle, sur laquelle les *fournitures* à recevoir en route sont indiquées. (395. D. G.)

Les autres pièces dont ils doivent être porteurs sont : l'ordre du général, la réquisition du chef de corps ou de détachement, l'expédition individuelle et certifiée des jugements.

D. Peut-on transférer ensemble des prisonniers civils et militaires?

R. Cela est absolument défendu. (Art. 57 du règlement du 9 avril 1858.)

CHAPITRE VI

Service de surveillance de la loi sur le roulage.

En vertu de la loi du 30 mai 1851
et du décret réglementaire du 10 août 1852.

Cas d'exception. — D. Quels sont ceux où la gendarmerie n'est pas en droit d'appliquer la loi ?

R. 1° Quand ce sont des voitures en circulation sur des chemins ruraux, les seuls actuellement qui ne sont pas classés.

2° Quand ce sont des voitures servant à l'exploitation qui se rendent de la ferme aux champs ou réciproquement.

D. Mais si ces voitures étaient rencontrées abandonnées ou sans que leurs conducteurs fussent en position de guider leur attelage?

R. Les gendarmes devraient verbaliser dans ces deux cas, mais en vertu de l'art. 475. C. P., qui en fait des contraventions de simple police.

D. Quelles sont les principales et habituelles contraventions de roulage communes à toutes les voitures servant ou non au transport des personnes?

R. 1° Défaut d'éclairage ; 2° défaut de plaque ; 3° défaut de guides; 4° abandon de voitures attelées; 5° stationnement sans nécessité; 6°

refus de s'arrêter pour se soumettre aux vérifications ou constatations; 7° voituriers ou rouliers n'ayant pas cédé la moitié de la chaussée et ne s'étant pas rangés à leur droite à l'approche d'une autre voiture; 8° voitures traversant une ville ou un lieu habité au galop ou au grand trot.

Eclairage. — D. Quelles sont les conditions exigibles pour les voitures autres que les messageries?

R. 1° Le falot ou lanterne doit être pourvu de verres et fixé à la voiture en avant et à gauche. (Art. 15 du règlement du 10 août 1852.)

2° Des voitures marchant à la file à moins de 20 mètres les unes des autres peuvent être considérées comme formant convoi, alors même qu'elles ne seraient pas au même propriétaire; dans ce cas, la voiture de tête est seule tenue d'être éclairée. (Cass., 12 mars et 21 juillet 1854 et 1er juillet 1864.

Plaques. — D. Quelles sont les formalités exigibles pour les plaques?

R. La plaque doit être lisible, placée à gauche et en avant des roues et porter en caractères de cinq millimètres de hauteur au moins : *nom et prénoms, profession, commune, canton, département.* (Art. 16 du règl.) En dehors des routes nationales, départementales et de grande communication le nom et le domicile suffisent. (*Dictionnaire des connaisssances utiles à la gendarmerie,* aux mots : plaque, roulage.

Si la plaque était reconnue fausse, il faut verbaliser en vertu de l'art. 8 de la loi sur le roulage.

Guides. — D. Quelles sont les conditions fixées pour la tenue des guides?

R. Le conducteur doit être sur son siège; le roulier à côté de ses chevaux. (Art. 14 du règl.)

Abandon. — D. Quand faut-il verbaliser pour abandon de voiture?

R. Lorsque les voituriers laissent marcher leurs voitures et s'arrêtent ou suivent à distance; ou encore s'ils laissent leurs attelages près des auberges et y entrent pour boire. (Art. 14 du règl.)

Stationnement sans nécessité. — D. Dans quel cas?

Lorsque les voituriers arrêtent leur attelage *au milieu* des rues ou des routes, soit pour causer, soit pour décharger. (Art. 10 du règl.)

Refus de s'arrêter. — D. De quoi sont justiciables ceux qui refusent de s'arrêter à l'injonction des gendarmes?

R. De la police correctionnelle. (Art. 10 de la loi.)

Circulation. — D. Contre qui faut-il verbaliser pour maintenir libre la circulation sur les voies de communication?

R. 1° Voiturier ne s'étant pas rangé à sa droite et n'ayant pas cédé la moitié de la chaussée aux autres voitures. (Art. 9 du règl.)

2° Voiturier ne se conformant pas à l'art. 475 C. P. prescrivant aux conducteurs de toutes voitures de n'occuper qu'un seul côté des rues, chemins ou autres voies publiques.

3° Voitures publiques ou autres traversant une ville ou un lieu habité au galop ou au grand trot. (475. C. P.)

Les voitures publiques ne doivent pas aller au galop sur les routes. (Art. 27 de l'ordonnance du 16 juillet 1828.)

Embarras de la voie publique. — D. Quand a-t-il lieu du fait des voitures?

R. Lorsqu'elles ont été laissées dans une rue ou sur une route non attelées et non éclairées. (471. C. P.)

Messageries publiques. — *Lanternes.* — D. Quelles sont les conditions réglementaires?

R. — La lanterne d'une voiture publique doit être à réflecteur et placée à droite et à l'avant de la voiture. (Art. 28 du règl.)

Chargement — D. Dans quelles conditions le chargement donne-t-il lieu à verbaliser?

R. La hauteur du chargement ne doit pas dépasser *trois mètres* mesurés du sol. (Art. 22 du règl.)

Impériale. — D. Combien de personnes peuvent-elles y prendre place?

R. A moins que la voiture ait un trajet moindre de 20 kilomètres, il ne peut y avoir que trois personnes sur la banquette, y compris le conducteur, s'il ne se place sur le siège du cocher. (Art. 24 du règl.)

Paquets. — Aucun paquet ne doit être placé sur l'impériale. (Art. 24 du règl.)

Bâches. — D. Quelle est la défense qui les concerne?

R. C'est qu'aucun objet ne peut être attaché en dehors de la bâche. (Art. 22 du règl.)

Portières. — D. Que doit-il y avoir à toutes?

R. Des marche-pieds. (Art. 25 du règl.)

Extérieur. — D. Que doit-il s'y trouver?

R. Dans un endroit *apparent*, l'estampille délivrée par l'administration des contributions indirectes et l'indication du nombre de places par compartiment. (Art. 29 du règl.)

Intérieur. — D. Quelles sont les indications qui doivent s'y trouver?

R. 1° Chaque place numérotée; 2° le prix de chaque place du point de départ au point d'arrivée. (Art. 30 du règl.)

Enrayage. — D. Quels sont les moyens d'enrayage que doit posséder toute voiture publique servant à transporter des personnes?

R. Une mécanique et un sabot pourvu de sa chaine. (Art. 27 du règl.)

Plaintes. — D. Où les voyageurs peuvent-ils les consigner?

R. Sur un registre côté et paraphé par le maire; lequel registre doit se trouver à chaque bureau de départ et d'arrivée. (Art. 39 du règl.)

Constatations des contraventions. — D. La gendarmerie a-t-elle le droit de faire arrêter les voitures publiques pour constater les contraventions?

R. L'art. 16 *de la loi* leur donne ce droit, mais seulement pour les cas ci-après, en vue de la sécurité des voyageurs :

1° Lorsque les gendarmes s'aperçoivent qu'il y a excédent dans le nombre de voyageurs à l'impériale ou dans les compartiments. (Art. 24 du règl.)

2° Lorsque, dans une descente, le conducteur n'a pas enrayé. (Art. 27 du règl.)

3° Lorsque, la nuit, la lanterne n'est pas allumée (Art. 28 du règl.)

4° Lorsque le conducteur est descendu de son siège sans nécessité. (Art. 34 du règl.)

Dans tous les autres cas, les contraventions ne doivent être relevées qu'aux lieux de départ, d'arrivée ou de relais, ou aux barrières des octrois.

Voitures ne servant pas au transport des personnes. — *Convois.* — D. Quelles sont les règles fixées pour les convois?

R. *Un seul* homme peut conduire *quatre voitures* à quatre roues ou *trois voitures* à deux roues attelées chacune d'un seul cheval ou de deux bêtes de trait, ou *deux voitures*, si l'une d'elles est attelée de plus d'un cheval; celle n'ayant qu'un cheval doit être attachée derrière l'autre. (Art. 13 du règl.)

D. Quelle distance doit-il y avoir entre deux convois?

R. Cinquante mètres. (Art. 13 du règl.)

D. Etablissez la différence entre le droit et la pratique habituelle pour les convois?

R. Une seule charrette marchant isolément à la suite d'un convoi constitue une contravention (Cass., 7 juin 1855.)

Trois voitures à un cheval, ayant chacune leur conducteur, sont susceptibles de moins gêner la circulation que si elles n'étaient dirigées que par un seul homme. Donc on peut former un convoi avec trois voitures à deux roues ou quatre à quatre roues bien qu'appartenant à plusieurs propriétaires.

Chargement. — Quelle est la largeur réglementaire?

R. Sauf pour les voitures d'agriculture se rendant de la ferme aux champs ou au marché, la largeur du chargement ne doit pas excéder 2 m. 50 c. La hauteur n'est pas fixée. (Art. 11 du règl.)

Contrevenants inconnus. — Que doivent faire alors les gendarmes?

R. Les conduire devant le maire de la commune où la contravention a éte constatée. Ce fonctionnaire, s'il ne les connait, fait consigner l'amende ou encore retient la voiture en fourrière. (Art. 21 de la loi sur le roulage).

Ce moyen est surtout à employer lorsque les contraventions sont constatées avec défaut de plaque.

D. Quels sont encore les cas où les contrevenants doivent être conduits devant le maire ?

R. S'ils ne sont pas domiciliés en France ; s'ils ont fait usage d'une plaque portant un nom ou un domicile faux ; s'ils ont donné un faux nom. (Art. 20 de la loi).

Ponts suspendus. — D. Quelles sont les contraventions les concernant?

R. 1° Voitures au trot; 2° voituriers ou rouliers ne tenant pas les guides ou le cordeau ; 3° rouliers ayant dételé un ou plusieurs de leurs chevaux pour le traverser ; 4° voitures attelées de plus de cinq chevaux s'engageant sur le tablier, alors qu'il s'en trouve déjà une attelée de cinq chevaux. (Art. 8 du règl.)

CHAPITRE VII.

Service de surveillance de la pêche fluviale.

En vertu du décret du 10 août 1875, modifié par celui du 18 mai 1878.

Interdictions. — D. Quelles sont les époques où la pêche fluviale est interdite?

R. Du 20 octobre au 31 janvier pour le saumon, la truite, l'ombre-chevalier, le lavaret. Du 15 avril au 15 juin, pour tous les autres poissons et les écrevisses. (Art. 1er du décret).

D. Existe-t-il un procédé de pêche autorisé en temps prohibé?

R. Excepté dans les étangs propriété particulière, aucun, pas même la ligne flottante tenue à la main. (Art. 1er.)

Transport et vente en temps prohibé. — D. Peut-on transporter et vendre du poisson en temps prohibé?

R. Oui, à condition de justifier qu'il provient d'étangs ou réservoirs. (Art. 4).

Heures de pêche. — D. Peut-on pêcher la nuit?

R. On ne peut pêcher que du lever au coucher du soleil, sauf cependant l'écrevisse, l'anguille et la lamproie aux heures fixées par arrêté préfectoral qui détermine en même temps la nature et la dimension des engins autorisés. (Art. 6.)

Séjour des filets dans l'eau. — D. Est-il permis?

R. Oui, sous la condition qu'ils ne pourront être placés et levés que du lever au coucher du soleil. (Art. 7.)

Dimension des poissons. — D. Quelles sont les dimensions au-dessous desquelles les poissons même pris à la ligne flottante doivent être rejetés à l'eau?

R. 1° Au-dessous de 0,25 c. : saumons et anguilles ; 2° au-dessous de 0,14 c. : truites, ombres-chevaliers, ombres communes, carpes, brochets, barbeaux, brèmes, meuniers, muges, aloses, perches, gardons, tanches, lottes, lamproies, lavarets ; 3° les soles, plies, flets, de 10 centimètres ; 4° au-dessous de 0,08 c., écrevisses à pattes rouges, et de 0,06 c., celles à pattes blanches. (Circ. minist. du 1er février 1868.) (Art. 8.)

Mesure des poissons. — D. Comment se prend-elle?

R. De l'œil à la naissance de la queue pour les poissons. De l'œil à l'extrémité de la queue déployée pour les écrevisses. (Art. 8.)

Dimensions des filets. — D. Quelles sont les dimensions des mailles des filets mesurés de chaque côté après leur séjour dans l'eau et l'espacement des verges, bires, nasses et autres engins, au point de vue réglementaire?

R. 1° 0,040 millim. pour pêcher le saumon; 2° 0,027 millimètres pour les grandes espèces autres que le saumon et pour l'écrevisse; 3° 0,010 millimètres pour les petites espèces telles que goujons, loches, vérons, ablettes. (Cass. 14 mars 1862.) (Art. 9.)

Tolérance. — D. N'y a-t-il pas une tolérance de dimension?

R. Oui, d'un dixième pour la mesure des mailles et l'espacement des verges. (Art. 9.)

Longueur des filets. — D. Quelle est la longueur des filets fixes ou mobiles?

R. Les filets et autres engins ne peuvent dépasser en longueur et en largeur les deux tiers mouillés des cours d'eau dans lesquels on les emploie. (Art. 11.)

Nombre des filets. — D. Peut-on employer simultanément plusieurs filets?

R. Sur la même rive ou sur deux rives opposées, on ne peut déployer plusieurs filets qu'à une distance au moins triple de leur développement (Art. 11.)

Filets et engins prohibés. — D. Quels sont-ils?

R. Tous ceux traînants, à l'exception du petit épervier jeté à la main et manœuvré par un seul homme. Sont également prohibés les lacets et collets. (Art. 13.)

Autres interdictions. — D. Quelles sont les autres interdictions?

R. L'établissement dans les cours d'eau d'appareils ayant pour objet de rassembler le poisson dans des noues, boires, fossés et mares dont il ne pourrait plus sortir ou de le contraindre à passer dans des endroits garnis de pièges. (Art. 14.)

Filets et nasses à demeure. — D. Peut-on mettre partout des paniers, nasses et filets à demeure?

R. Il est interdit d'en accoler aux écluses, barrages, chutes naturelles, vannages, pertuis, coursiers d'usines et échelles à poisson. (Décret du 10 août 1860. Art. 15.)

Pêche dans les écluses. — D. Peut-on pêcher dans l'intérieur d'une écluse, d'un barrage, d'un vannage, etc. ?

R. Seulement à la ligne flottante tenue à la main. (Art. 15.)

Distance. — D. A quelle distance de ces ouvrages peut-on pêcher ?

R. A trente mètres en amont ou en aval. (Art. 15.)

Pêche à la main. — D. Est-elle permise ?

R. Non. Il est aussi défendu de troubler l'eau, de fouiller au moyen de perches sous les racines et autres retraites fréquentées par le poisson. (Cass. du 10 août 1860. Art. 14.)

Pêche au fusil. — D. Est-elle autorisée ?

R. Non. Est interdite également la pêche au moyen de poudre de mine, de dynamite ou toute autre substance explosible. (Art. 15.)

Appâts. — D. Peut-on appâter avec toute espèce de poissons ?

R. Les préfets déterminent les espèces de poissons avec lesquel il est *défendu* d'appâter les hameçons, nasses, filets et autres engins. (Art. 16.)

Niveau des cours d'eau abaissé. — D. Peut-on pêcher dans un cours d'eau ou dans un canal dont le niveau a été abaissé accidentellement ?

R. Non ; mais les préfets peuvent autoriser des pêches extraordinaires dans le but de détruire certaines espèces pour en propager d'autres plus précieuses. (Décret du 10 août. (Art. 17 et 18.)

Saisies. — D. La gendarmerie a-t-elle le droit de saisir les filets, engins et poissons à la suite d'un délit de pêche?

R. *Seulement* les filets et engins *prohibés*; quand ils ont servi à commettre le délit ainsi que le poisson pêché en délit. Elle fait sommation au délinquant de lui en faire la remise, mais elle ne peut ni ne doit l'y *contraindre* s'il s'y refuse. Il en est fait, dans ce cas, mention au procès-verbal, ce qui entraîne une condamnation de 50 francs en plus. (Art. 29 et 39. Loi du 15 avril 1829.

Destination des objets saisis. — D. Que doit-on faire des filets et engins saisis?

R. Les déposer au greffe du tribunal. Ceux qui n'ont pas été livrés, sont décrits minutieusement dans le procès-verbal. (Art. 41 de la loi de 1829.)

Poisson saisi. — Qu'en fait-on?

R. La gendarmerie adresse une requête au maire de la commune où le délit a été commis, qui délivre alors une ordonnance pour qu'il soit déposé au bureau de bienfaisance ou à l'hôpital. Le reçu doit être joint au procès-verbal, qui en fait mention. (Art. 42 de la loi de 1829.)

Fusil. — D. Peut-on saisir une arme à feu avec laquelle on a tiré le poisson?

Non, parce que ce n'est point un engin de pêche.

Recherche des engins. — D. Peut-on pénétrer dans les maisons ou enclos y attenant pour la recherche des engins prohibés?

R. Non. (Art. 40 de la loi du 15 avril 1829.)

D. Quelle est la durée de la prescription en matière de pêche?

R. Un mois si le délinquant est connu, trois s'il ne l'est point. (Art. 62 de la loi de 1829.)

Procès-verbaux. — Les procès-verbaux doivent être visés pour timbre et enregistrés en débet.

Des arrêtés préfectoraux peuvent autoriser l'emploi des filets traînants dans les eaux profondes; les parties en sont désignées. (Décret du 18 mai 1878.)

La trouble ne doit être rangée dans la catégorie des filets prohibés que lorsqu'elle est manœuvrée de manière à la faire traîner, ce qui doit être constaté formellement. (Cour de Besançon, 24 décembre 1872.)

CHAPITRE VIII

Service de surveillance de la chasse.

En vertu de la loi du 3 mai 1844.

Précautions. — D. Quelles sont celles à observer par les gendarmes. ?

R. Surtout de nuit, leurs armes doivent être chargées et il leur faut se diriger de manière à pouvoir se secourir mutuellement avec rapidité.

Gendarme mis en joue. — D. Que doit faire le gendarme mis en joue par un braconnier?

R. Faire feu dessus sans hésitation. (Circ. minist. du 30 nov. 1853.)

D. Mais si la vie du gendarme ne court pas un danger imminent, bien que le braconnier garde une attitude suspecte?

R. Il faut alors lui enjoindre de placer la crosse de son arme en l'air. Puis on marche sur lui, se tenant prêt à le coucher en joue au moindre mouvement.

Bois à cerner. — D. Quelle est une des meilleures méthodes pour cerner le bois?

R. Chaque gendarme étant muni d'un sifflet, il est convenu d'avance que pour se porter : 1° en avant, on lancera quatre coups de sifflet, séparés par un léger intervalle ; 2° en arrière, cinq coups ; 3° vers la gauche, deux coups ; 4° vers la droite, trois coups.

Tout gendarme ayant besoin d'appeler ses camarades à son aide sifflera un seul coup, et plus le son en sera prolongé, et plus vite on devra se porter de son côté.

En opérant ainsi, les gendarmes sont assurés de ne pas aller à l'aventure.

Principaux délits. — **D. Quels sont les principaux délits de chasse à constater?**

R. 1° Chasse pendant la nuit; 2° en temps prohibé; 3° sans permis; 4° avec engins prohibés; 5° à l'aide de drogues ou appâts capables de détruire ou enivrer le gibier; 6° en temps de neige; mais seulement si des arrêtés préfectoraux l'ont défendu; 7° vente, achat, transport de gibier en temps prohibé.

Temps de neige. — **D.** Quelles sont les dispositions à cet égard?

R. La vente, l'exposition et le transport du gibier en temps de neige peuvent avoir lieu, alors même que les préfets ont pris des arrêtés pour défendre la chasse pendant la neige. Il ne faut pas confondre ce cas avec celui où, la chasse n'étant pas ouverte, la vente et le transport du gibier ne peuvent avoir lieu. (Jugement du tribunal de Melun du 16 janvier 1845.)

Lévriers. — D. L'emploi en est-il permis?

R. Il ne peut l'être que par arrêté préfectoral et *seulement* encore pour détruire les animaux malfaisants ou nuisibles. (Art. 9 de la loi.)

Chasse en tout temps. — D. Existe-t-il des conditions où elle peut se faire et même sans permis?

R. Oui, si l'on chasse sur un terrain complètement clôturé, de manière à faire obstacle à toute communication avec les héritages voisins, et que le terrain soit attenant à une habitation. (Art. 2 de la loi.)

Droit de verbaliser. — D. Pour qu'un gendarme puisse verbaliser, est-il nécessaire qu'il ait vu tirer ou prendre le gibier ?

R. Non ; il suffit qu'il ait vu le chasseur le recherchant ou le poursuivant, lui ou son chien, ou que des témoins déclarent formellement avoir vu un délinquant en action de chasse en bien précisant les lieux et les circonstances.

Droit de désarmer. — D. Peut-on désarmer un chasseur ?

R. Non, sauf dans les cas suivants : s'il chassait pendant la nuit ; faisait résistance ; ou refusait de se faire connaître, car alors on devrait le mettre en état d'arrestation (329. D. G.), et tout individu arrêté doit être désarmé.

Dans tous les autres cas, la gendarmerie doit se borner à déclarer saisie de l'arme, entre les mains du chasseur en défaut. (329. D. G.)

Chasseur arrêté. — D. Où doit être conduit le chasseur qui s'est placé dans un des cas entraînant arrestation ?

R. Devant le maire de la commune pour constatation d'identité. A moins cependant qu'il ne se soit rendu également coupable de voies de fait ou d'outrages envers la gendarmerie, auquel cas il doit être amené au procureur de la République. (301. D. G.)

Durée du permis. — D. Un permis peut-il servir à tout individu qui en serait porteur ?

R. Non, le permis est personnel. Il est valable pour un an et un jour. (Cass., 22 mars 1850.)

Colportage du gibier. — D. Les gendarmes ont-ils le droit de fouiller les personnes qu'ils soupçonnent colporter du gibier dans ou sous leurs vêtements ?

R. Non, il faut que le gibier soit apparent à travers les vêtements, dans les paniers, voitures, restaurants ou auberges. (*Dictionnaire des connaissances générales utiles à la gendarmerie, V. Gibiers.*)

Animaux pouvant être détruits. — D. Quels animaux peut-on détruire sans permis et quand ?

R. Sur son *terrain*, et en tout temps, les animaux déclarés nuisibles par arrêté préfectoral ; les pigeons qui commettent des dégâts et les animaux malfaisants qui attaquent le bétail ou la volaille. (Art 9.)

Gibier saisi. — D. Que doit-on en faire ?

R. Le déposer contre récépissé entre les mains du maire de la commune où la saisie a eu lieu. (Art. 4.)

Engins prohibés. — D. Doit-on s'emparer, même par la force, des engins de chasse prohibés ?

R. Oui, et les adresser au greffe du tribunal. (328. D. G.)

Saisie de l'arme. — D. Dans quels cas la saisie du fusil du chasseur trouvé en délit est-elle de droit ?

R. Seulement quand le chasseur ne peut justifier d'un permis. (Art. 16.)

Chiens chassant. — D. Est-il permis de faire rechercher le gibier par son chien, soit en temps prohibé, soit si l'on n'a pas de permis ?

R. Non, c'est un délit de chasse, alors même que le propriétaire du chien ne serait porteur d'aucune arme. (Cass., 17 fév. 1853 et 6 juillet 1854.)

Chasseurs n'ayant pu être atteints. — D. Est-il nécessaire d'avoir abordé le chasseur en délit pour verbaliser contre lui ?

R. Non, il suffit de l'avoir vu. On n'est même

pas obligé de le nommer dans le procès-verbal, il suffit de le désigner d'une manière qui ne permette pas de le méconnaître. (Cass. 1816.)

Nota. — Les armes de guerre qui ont été saisies sont déposées dans les magasins de l'artillerie. (Circ. minist. du 5 mai 1874.)

CHAPITRE IX

Service du recrutement.

Réserviste. — D. A qui s'applique la dénomination de réserviste ?

R. A tout homme qui, après avoir figuré pendant *cinq* ans sur les contrôles de l'armée active, cesse d'y être inscrit. Il passe alors dans la *réserve* de l'armée active pendant *quatre* ans.

Disponible. — D. Qu'est-ce qu'un disponible?

R. C'est l'homme appartenant à l'armée active laissé ou renvoyé dans ses foyers.

Non-disponible. — D. Qu'est-ce qu'un non-disponible ?

R. C'est celui qui, encore soumis par son âge à la loi du recrutement, appartient à un service public, tel que : postes, télégraphes, chemins de fer, etc.

D. Quelle est la faculté réservée par la loi aux *disponibles* et aux *réservistes* mariés, ou veufs, mais pères de quatre enfants au moins ?

R. C'est d'être classés dans la *territoriale*, s'ils en font la demande.

Territoriale. — D. De quoi se compose 'armée territoriale ?

R. De tous ceux qui ont figuré pendant neuf ans sur les contrôles de l'armée active et de la réserve de cette armée.

D. Combien de temps reste-t-on dans l'armée territoriale ?

R. Pendant onze ans, dont les six dernières dans la réserve de cette armée.

Domicile. — D. Qu'est-ce qu'un changement de domicile ?

R. C'est quitter *sans esprit de retour* le lieu que l'on habite.

Résidence. — D. Qu'est-ce qu'un changement de résidence ?

R. C'est s'absenter momentanément de son domicile légal pour affaires ou plaisirs.

Obligations de la gendarmerie. — D. Quelles sont-elles vis-à-vis du commandant de recrutement ?

R. Les chefs de brigade doivent les tenir régulièrement au courant de toutes les mutations qui se produisent parmi les hommes de la réserve et de la territoriale.

Carnet : A cet effet ils sont munis d'un carnet à souche sur lequel ils inscrivent les changements de domicile, de résidence et de déplacements pour voyager.

La 2e partie du bulletin à détacher de ce carnet est adressée au recrutement aussitôt chaque mutation ; on y joint de plus le livret de l'homme, s'il s'agit d'un changement de domicile.

Listes nominatives. — Le chef de brigade a aussi en sa possession et pour les tenir à jour des listes nominatives par communes, où sont inscrits les hommes des vingt classes astreints au service militaire. Il n'y fait d'inscriptions ou de radiations qu'après en avoir été avisé par le recrutement.

Les hommes chargés d'une mission spéciale en cas de mobilisation doivent être notés sur ces listes au moyen des abréviations suivantes faites au *crayon* :

A. — Service d'alimentation.

C. — Conducteur des chevaux.

E. — Service des étapes.

Ces hommes, qui sont l'objet d'une surveillance toute particulière, ont leurs ordres individuels d'appel déposés dans le coffre de mobilisation. Dès que le chef de brigade apprend que l'un de ces hommes a changé de domicile ou de résidence, il envoie l'ordre d'appel qui le concerne au recrutement, afin qu'il puisse être fait une autre désignation. (Instruction du 28 déc. 1879.)

Changements de domicile. — D. Comment s'opèrent-ils ?

R. L'homme ayant fait sa déclaration de départ au maire de sa commune, il lui est délivré un bulletin de déclaration en double expédition. Muni d'*un* de ces *bulletins* et de son *livret,* il se rend à la brigade de gendarmerie. Le chef vise le livret, fait inscription du changement de domicile au carnet à souche et y annexe le bulletin de déclaration.

Arrivé à son nouveau domicile, l'homme fait une nouvelle déclaration à la mairie et à la gendarmerie. Le maire lui donne un nouveau bulletin de déclaration de changement de domicile. Il remet ce bulletin et la seconde expédition de celui qui lui avait été délivré par le maire de son lieu de départ, ainsi que son livret, à la gendarmerie. Le chef inscrit le changement de domicile au carnet à souche, et vise le livret, qui est ensuite adressé au recrutement, pour changer, s'il y a lieu, le corps d'affectation.

NOTA. — Il est actuellement recommandé de ne faire de changements de domicile que pour les hommes mariés ou établis d'une façon sérieuse dans les lieux où ils déclarent se rendre.

Changements de résidence. — D. Comment est-il procédé?

R. L'homme est seulement tenu de faire, dans un délai de *deux mois*, la déclaration de son changement de *résidence* à la brigade de gendarmerie du lieu où il s'est rendu. Le chef, après avoir porté la mutation au carnet à souche, vise le livret et le remet de suite à l'intéressé.

Déplacements pour voyager. — Les déplacements pour voyager sont également portés sur le carnet à souche, mais c'est à la brigade du domicile seulement ; et c'est là seulement que l'homme est tenu d'en faire la déclaration.

Officiers. — D. Quelles sont les formalités pour les officiers?

R. Les changements de domicile, de résidence et déplacements pour voyager des officiers de la réserve et de la territoriale s'opèrent au moyen de récépissés extraits d'un registre à souche, en dépôt dans chaque brigade.

Les officiers s'adressent, pour les changements de domicile et de résidence, à la gendarmerie du lieu d'*arrivée ;* pour les voyages devant *excéder deux mois*, à celle du *départ*.

Déclarations. — Les déclarations des officiers sont faites par eux, verbalement ou par écrit. Dans tous les cas, ils doivent donner l'indication exacte : 1° de la classe à laquelle ils appartiennent ; 2° de la subdivision dans laquelle ils ont satisfait à la loi ; 3° le numéro du tirage et le canton.

La gendarmerie pourra refuser le récépissé à l'officier qui ne lui fournira point ces renseignements. (Circ. minist. du 13 août 1879.)

Livrets. — D. Quand a lieu la remise et le retrait des livrets ?

R. La remise et le retrait des livrets aux réservistes et territoriaux s'opère quand le recrutement le prescrit. Ce service s'exécute lors des tournées de communes. Il peut encore avoir lieu spécialement, mais seulement en cas d'extrême urgence. (Art. 25 de l'instr. du 28 déc. 1879.)

Retrait. — Comment le gendarme doit-il s'y prendre ?

R. A la gauche du livret se trouve généralement le récépissé ; il le détache. Après l'avoir rempli et signé, il le remet à l'intéressé, pour lui tenir lieu de pièce d'identité au point de vue militaire.

Remise. — Pour la remise d'un livret, le gendarme remplit le procès-verbal de remise, le signe et le fait signer par l'intéressé. Puis il se fait remettre le récépissé qui avait été précédemment délivré, lors du retrait. Ce récépissé est joint au procès-verbal, et le tout adressé au recrutement.

Ratures. — D. La gendarmerie a-t-elle des obligations à cet égard ?

R. Oui, toutes les fois qu'elle est appelée à examiner ou à retirer un livret, elle doit s'assurer qu'il n'existe ni ratures ni surcharges non visées et timbrées par l'autorité militaires qui les a faites. Sinon, le livret est retiré et envoyé au recrutement avec un rapport faisant connaître l'auteur de ces altérations.

Livrets incomplets. — D. Sur quoi doit encoi se porter l'attention des gendarmes?

R. Chaque fois que l'occasion se présente, le gendarmes sont tenus de s'assurer que les indi cations suivantes sont complétées sur les l' vrets : 1° le certificat d'envoi dans les diff' rentes catégories de l'armée doit mentionne celle dont l'homme fait partie; 2° l'ordre d route doit indiquer le lieu où l'homme doit re joindre, en cas de mobilisation, ainsi que l jour et l'heure fixés pour le départ; 3° la feuill spéciale, généralement placée en tête du livret et qui a trait exclusivement aux appels annuels doit indiquer à l'homme sa subdivision de ré gion, le point de réunion, l'heure à laquelle i doit s'y présenter, et le lieu d'où il est cens' partir. (Domicile légal.)

Dans le cas où le livret ne contiendrait pa quelqu'une de ces indications, le retirer et l'en voyer au recrutement.

Perte du livret. — D. Quel est le devoir des gendarmes?

R. Tout gendarme apprenant qu'un livret a été perdu, ou en recevant la déclaration, doit se livrer à une enquête destinée à faire connaître si la perte est imputable à la faute de l'homme.

Il doit joindre à son rapport les renseignements suivants : noms et prénoms de l'intéressé, lieu et date de sa naissance, corps auquel il est affecté, classe dont il fait partie, canton dans lequel il a tiré au sort, numéro de tirage, numéro matricule, enfin noms et prénoms de ses père et mère.

La perte du livret est constatée au moyen

d'un procès-verbal adressé au commandant du bureau de recrutement du domicile.

Remise ou communication de pièces. — D. Comment doivent-elles se faire?

R. S'il s'agit d'une remise de pièces, le gendarme qui en est chargé doit en retirer un *reçu daté*, les énumérant toutes.

S'il s'agit d'une simple communication, le gendarme fait signer l'intéressé au-dessous de l'inscription suivante :

Pris connaissance à...... le.....

Notifications de punitions. — D. Comment se fait-elle?

R. Avant de faire à l'intéressé la remise de son ordre de punition, le gendarme le remplit, le signe et en fait lecture Il remplit ensuite le procès-verbal de notification, qui est au bas de l'ordre de punition, le fait signer par l'intéressé, le signe aussi, puis le détache, pour en faire l'envoi au recrutement.

Hommes absents de leur domicile. — D. Dans le cas où les gendarmes en tournée ne trouveraient pas à leur domicile ou résidence des hommes auxquels ils ont des pièces à remettre ou à communiquer, que faut-il faire?

R. Leur faire dire de passer à la brigade ou leur laisser une note les y invitant. Ils sont tenus de s'y présenter, sous peine d'une punition disciplinaire.

Demandes diverses. — D. Quelles sont les instructions y ayant trait?

R. Les demandes d'ajournement, de devancement d'appel et d'autorisation d'accomplir la période d'instruction dans un corps autre que celui auquel l'homme est affecté sont reçues par le chef de brigade jusqu'au jour fixé par le commandant de corps d'armée. (Cette date est toujours mentionnée sur les affiches de convocation.)

Toutes les demandes sont transmises au commandant du bureau de recrutement de la résidence. Il y est joint un rapport modèle n° 44 de l'Instruction du 28 décembre 1879 (édition refondue) avec avis motivé sur la suite à donner.

Dispenses. — Les demandes de *dispense* doivent être déposées à la gendarmerie par les intéressés, *vingt jours au moins* avant la date de convocation. Elles sont transmises au commandant de recrutement du domicile (n° 28 de l'instruction du 20 décembre 1880), et appuyées, indépendamment d'un rapport du chef de brigade sur la situation de l'intéressé, d'un certificat modèle n° 5, délivré par le maire de la commune, portant le relevé des contributions payées par les ascendants du postulant, par lui-même et par sa femme, s'il est marié. Ce relevé doit être certifié et signé par le percepteur.

Demandes de réforme. — Les demandes de réforme formées par les réservistes et territoriaux au moment des appels annuels doivent être appuyées d'un procès-verbal d'enquête établi par la gendarmerie du domicile ou de la résidence, et d'un certificat de médecin, dont la signature doit être légalisée par le maire, s'il s'agit d'un médecin civil.

Il est du devoir de la gendarmerie de provoquer l'examen médical des réservistes et territoriaux présumés malades ou atteints d'infirmités les rendant impropres au service de l'armée.

Ceux qui sont autorisés à se présenter devant la commission de réforme siégeant au chef-lieu reçoivent un bulletin de convocation qui leur donne droit au voyage à prix réduit sur les voies ferrées, tant pour l'aller que pour le retour.

Surveillance générale. — D. Quelle est celle que les gendarmes doivent exercer?

R. A l'aide des listes nominatives qui sont remises par le chef de brigade aux gendarmes se rendant dans les communes, ils doivent faire des appels discrets mais fréquents, afin de s'assurer de la présence des hommes astreints au service militaire; principalement de ceux désignés pour remplir une mission spéciale en cas de mobilisation. Ces appels doivent être de simples pointages sur les listes, avec l'aide du maire ou d'un notable connaissant bien les habitants.

Les gendarmes doivent encore se renseigner sur la conduite des réservistes et territoriaux, afin de signaler à l'autorité militaire, par voie hiérarchique et au moyen de rapports spéciaux et confidentiels, ceux qui s'adonneraient à l'ivrognerie, qui exerceraient des professions déshonorantes, qui commettraient des actes immoraux ou qui auraient subi des condamnations pour crimes ou délits de droit commun.

Ils doivent signaler aussi immédiatement la rentrée momentanée des réservistes ou territoriaux ayant leur domicile à l'étranger pour que le recrutement leur fasse faire leur période d'instruction. (Circ. minist. du 3 octobre 1883.)

Tableaux. — D. Quelle est la surveillance que les gendarmes doivent exercer.

R. Ils doivent s'assurer, non seulement de l'existence, mais encore du bon état de conservation du tableau semestriel de répartition des classes.

Les chefs de brigade sont tenus de signaler au commandant de recrutement le défaut d'affichage de ce tableau ou sa détérioration,

Inscrits maritimes. — D. Qu'appelle-t-on inscrits maritimes?

R. On appelle inscrits maritimes les hommes qui ne faisant pas partie du contingent, puisqu'ils ne tirent pas au sort, sont astreints, après inscription au commissariat de la marine de leur quartier, de servir de 20 à 40 ans dans le service de la flotte; ils sont appelés et renvoyés, selon les besoins, par décision du Ministre de la Marine.

Déplacements et absences. — D. Quelles sont les règles qui doivent observer les inscrits maritimes? (Circ. minist. du 17 septembre 1887.)

R. Les inscrits maritimes sont tenus de se présenter, dans les deux mois, lorsqu'ils veulent se fixer dans l'intérieur du territoire, au commandant de la brigade de gendarmerie du lieu d'arrivée; celui-ci en informe le commissaire de l'inscription maritime du quartier d'où proviennent les marins, par avis tiré d'un carnet à souche.

S'ils s'absentent du lieu où ils se sont fixés, pendant une durée de plus de 8 jours, pour ne pas quitter l'intérieur du territoire, tout en avisant le commandant de la brigade de gendarmerie du lieu de départ, ils doivent, si cette absence doit se prolonger au delà de 2 mois, se conformer à ce qui est prescrit pour les déplacements, pour que la gendarmerie du lieu d'arrivée puisse en informer l'autorité maritime.

Devoirs de la gendarmerie. — Les commandants de brigade de gendarmerie préviennent le commissaire du quartier d'inscription des marins, toutes les fois que ceux-ci s'absentent pendant une durée de plus de 8 jours, lorsqu'ils sont dans l'intérieur du territoire, et qu'ils aient ou non fait la déclaration prescrite.

Nota. — L'expression « intérieur du territoire » comprend tout le pays situé en dehors de la circonscription d'un quartier maritime.

CHAPITRE X

Service de mobilisation.

Ordre de mobilisation. — D. Comment cet ordre parvient-il aux brigades?

R. Par le télégraphe, pour celles placées sur le réseau; par le soin des brigades voisines désignées d'avance à cet effet, pour celles qui n'ont pas de station télégraphique.

Premier jour de mobilisation. — D. Que doit faire le chef de la brigade dès qu'il reçoit l'ordre de mobilisation?

R. Il doit en accuser immédiatement et directement réception par la poste au commandant du corps d'armée, en reproduisant le texte même de l'ordre de mobilisation, et en indiquant l'heure exacte à laquelle il l'a reçu, conformément au modèle C, annexé à l'instruction confidentielle du 20 déc. 1880.

Premières opérations. — D. Cela fait, quelles mesures prend le chef de la brigade?

R. Il prend les mesures suivantes, par ordre d'urgence :

1° Dans les brigades à cheval, faire seller les chevaux; 2° faire requérir, s'il y a lieu, les estafettes civiles chargées de porter l'ordre de mobilisation à d'autres brigades; 3° faire réquisitionner par les gendarmes ayant les plus courts trajets à parcourir, et faire amener immédiatement à la brigade les moyens de transport nécessaires pour les gendarmes et, s'il y a lieu, pour les estafettes civiles; 4° si l'on emploie des estafettes civiles, les faire partir le plus tôt possible et les prévenir qu'elles doivent rapporter un reçu des chefs des brigades auxquels l'ordre de mobilisation est destiné, reçu mentionnant l'heure exacte de la remise de cet ordre.

Répartition des paquets. — 5° Répartir les paquets destinés aux communes entre les gendarmes chargés de les transporter. A cet effet, afin d'opérer avec précision et méthode, retirer du coffre de mobilisation les pièces suivantes :

1° Tableau itinéraire (mod. A) et l'ouvrir à la page correspondante à l'effectif des gendarmes présents. Répartir les paquets d'affiches en autant de tas qu'il y a de gendarmes disponibles; se servant du tableau itinéraire pour donner à chacun les communes à parcourir.

Collationnement. — 2° Le bordereau (mod. B) des pièces et paquets à faire remettre dans chaque commune, et les collationner en les faisant appeler successivement par chacun des gendarmes chargés de leur remise, tandis que le chef de brigade les pointe au bordereau. Toute erreur ou tout oubli devient alors à peu près impossible.

Commencer la remise par les gendarmes qui doivent porter l'ordre de mobilisation à d'autres brigades, et continuer par ceux qui ont les plus longs trajets à parcourir.

Inscriptions. — 6° Après la remise des paquets aux gendarmes, faire inscrire par chacun d'eux le nom et la date, *en toutes lettres,* du premier jour de la mobilisation sur l'étiquette de chaque paquet d'affiches.

Dans le cas où la plus jeune classe de la réserve de l'armée territoriale est appelée immédiatement à l'activité, faire inscrire également, sur l'adresse des paquets d'affiches correspondants, le millésime de cette classe désignée par l'ordre de mobilisation. S'assurer de l'exactitude de toutes les écritures faites par les gendarmes sur les paquets. Rectifier à l'encre, s'il y a lieu, les formules de récépissés destinés aux communes. Remettre aux gendarmes les deux affiches de mobilisation destinées à chacune des gares comprises dans leur itinéraire, après avoir complété ces pièces par l'indication du nom et de la date du premier jour de mobilisation. (Un blanc est réservé à cet effet à la partie supérieure des affiches.)

Lettres d'avis. — 7° Remettre de même, s'il y a lieu, les lettres d'avis établies pour les membres civils titulaires ou suppléants des commissions de réquisition, aux gendarmes qui doivent passer dans les communes où ces membres résident. Les prévenir, s'ils emportent en même temps des lettres d'avis pour les membres titulaires et pour les membres suppléants, de ne remettre les secondes à destination que dans le cas où les premières ne pourraient être utilisées.

Après le départ de tous les gendarmes, le chef de brigade se met lui-même en route avec les pièces destinées aux communes et aux gares qui lui ont été réservées.

Devoirs des gendarmes. — D. Quels sont les devoirs des *gendarmes* le premier jour de la mobilisation?

R. Les gendarmes ayant reçu de leur chef les paquets d'affiches à remettre, se rendent dans les communes qui leur sont affectées, à une vitesse aussi rapide que possible. L'arrêt dans chaque commune, à *l'aller*, ne devra être que celui strictement nécessaire pour remplir la mission.

Accidents. — D. Que doivent faire les gendarmes dans ce cas?

R. Si l'accident est arrivé au gendarme, réclamer un homme sûr auquel il donne les explications nécessaires et lui confier sa mission.

Si l'accident est arrivé à la monture, réquisitionner un moyen de transport au lieu le plus proche de l'endroit où l'accident est arrivé.

Dans chaque commune. — D. Que doit faire chaque gendarme?

R. Se rendre à la mairie, faire prévenir d'urgence le maire ou son suppléant, requis au besoin au nom de l'autorité militaire.

Exécuter les dispositions suivantes, en présence du secrétaire de la mairie, autant que possible :

Remise des paquets. — 1° Remise au maire ou à son suppléant des paquets d'affiches et autres pièces.

Récépissés. — 2° L'inviter à les compter et à en donner reçu sur la formule de récépissé que lui présente le gendarme.

Affiches à compléter. — 3° L'inviter à ouvrir en sa présence le paquet d'affiches générales de mobilisation et à compléter la première de ces affiches, en y inscrivant la date et le nom du *premier* jour de la mobilisation (en toutes lettres).

Réserve de la territoriale. — 4° Dans le cas où la plus jeune des classes de la réserve de l'armée territoriale est appelée à l'activité, inviter le maire à compléter en sa présence la première affiche spéciale à cet effet, en y inscrivant le millésime de la classe appelée, ainsi que le nom et la date du premier jour de la mobilisation.

Recommandations. — 5° Le prévenir que toutes les autres affiches doivent être complétées de la même manière, et le plus rapidement possible.

Instruction sommaire.— 6° L'engager à prendre sans retard connaissance de l'instruction sommaire contenue dans le paquet d'affiches générales de mobilisation et à se conformer strictement aux prescriptions qu'elle contient.

Ordres individuels. — 7° Signaler particulièrement à son attention les ordres individuels d'appel à faire remettre aux hommes désignés pour une mission spéciale.

Tableau de correspondance. — 8° L'inviter à faire établir et afficher sans retard le tableau de correspondance entre les jours de mobilisation et les dates du calendrier, suivant les prescriptions de l'instruction sommaire.

Affiches à placarder.— 9° Recommander que l'affiche de mobilisation générale, l'ordre de réquisition et, s'il y a lieu, l'affiche concernant la classe la plus jeune de la réserve de l'armée active, soient partout placardées les unes à côté des autres; recommander également que les affiches de mobilisation des équipages de la flotte soient collées aux points les plus importants. (Ces affiches spéciales sont en moins grand nombre que les affiches générales.)

Points d'affichage. — 10° Remettre dans les communes rurales au maire ou à son suppléant, comme émanant de l'autorité militaire, l'état des points de la commune où les différentes affiches doivent être collées, si déjà cet état n'a pas été remis à ce fonctionnaire, dès le temps de paix. Dans ce cas, l'engager à se conformer, comme d'habitude, à ce document.

Bulletins d'avis de passage. — 11° Remettre au maire ou à son suppléant les enveloppes contenant les bulletins d'avis de passage des chevaux de réquisition s'il y a lieu.

12° Inviter le maire ou son suppléant :

Effets à emporter. — A. A recommander aux hommes convoqués par affiches ou par ordres individuels d'appel, de se mettre en route, autant que possible, avec deux chemises, un caleçon, deux mouchoirs en bon état, et avec de bonnes chaussures brisées aux pieds, ainsi que de se faire couper les cheveux.

Jours de mobilisation. — B. A faire connaître partout que les jours de mobilisation se comptent de minuit à 11 h. 59 sans aucune interruption résultant de dimanche ou jours fériés.

Le 1er jour de mobilisation est à partir de minuit précédent si le télégramme arrive dans les communes avant midi ; dans le cas contraire, le 1er jour compte à partir de minuit suivant.

Le télégramme envoyé enlève tout doute à ce sujet.

Militaires de l'armée active. — A faire rejoindre immédiatement ceux en permission ou en congé, à l'exception des convalescents ; les avertir qu'ils seront traités comme déserteurs, s'ils n'obéissent pas immédiatement à cet ordre.

Membres des commissions. — S'il y a dans la commune des membres civils titulaires désignés pour faire partie des commissions de réquisition, le gendarme, après s'être enquis de leur présence, laisse leur lettre d'avis au maire ou à son suppléant, en l'invitant à faire le nécessaire pour que ces lettres soient remises, sans le moindre retard, aux intéressés, contre reçu. Il prévient qu'il prendra ce reçu, en repasssant le soir par la commune.

S'il est informé par le maire que les membres civils titulaires feront défaut pour une cause quelconque, le gendarme lui laisse, dans les mêmes conditions, les lettres d'avis destinées aux membres suppléants qui pourraient résider dans sa commune. Si ces membres habitent d'autres communes que le gendarme n'a pas encore dépassées, il réserve naturellement leurs lettres d'avis pour les maires de ces communes.

Dans la dernière commune de son itinéraire, le gendarme porte lui-même les lettres d'avis aux membres civils titulaires, ou, à défaut, aux membres suppléants qui pourraient y résider.

Dans le cas où le gendarme a des gares de chemin de fer dans son itinéraire, il y porte deux affiches complétées et les remet, contre reçu, au chef de gare, en l'invitant à les placarder, l'une, du côté de la voie, l'autre du côté de l'entrée ou dans la salle, en cas de mauvais temps.

Il s'assure, en outre, que le texte de mobilisation est affiché au-dessus du guichet où l'on délivre les billets, disposition qui est réglementaire.

Retour. — D. Comment doit-il s'opérer?

R. Les gendarmes, arrivés dans la dernière commune et y ayant fait la remise des pièces, s'arrêtent une heure pour se reposer.

Avant de repartir, ils s'assurent de l'exécution de toutes les dispositions indiquées ci-dessus et font rectifier les erreurs et réparer les omissions, s'il s'en était produit; leur attention se porte, entre autres, sur le tableau de correspondance entre les jours de mobilisation et les dates correspondantes au calendrier, et sur le millésime de la plus jeune classe de la réserve de la territoriale, si elle est appelée à l'activité.

Les gendarmes, dans toutes les communes où ils passent à leur retour, se livrent aux mêmes investigations, et la présente leur sert pour contrôler toutes les opérations en cours d'exécution.

Ils doivent prendre, dans les mairies, les reçus signés par les membres civils titulaires ou suppléants des commissions de réquisition, ou les lettres d'avis, si elles n'ont pu être remises pour cause majeure. (Décès, maladie, absence devant se prolonger, des destinataires.)

Dans ces derniers cas, s'ils ont encore des lettres d'avis pour des membres suppléants des mêmes commissions, résidant dans les communes de leur itinéraire, les gendarmes les portent immédiatement.

Résumé. — En résumé, une fois de retour à la brigade, chaque gendarme doit pouvoir affirmer à son chef que dans toutes les communes placées dans son itinéraire la mobilisation s'accomplit, et que toutes les dispositions prescrites, du n° 1 au n° 11 de l'art. 73 de l'instruction confidentielle du 20 décembre 1880, ont reçu leur exécution, que pas une erreur, pas une omission n'ont été faites, ou qu'elles ont été réparées en sa présence et qu'il s'en porte garant.

D. Que doit faire le chef de la brigade à la rentrée de ses gendarmes?

R. Il envoie au recrutement les reçus des maires et des chefs de gare.

Il rend compte à son commandant d'arrondissement de tout incident ayant pu se produire.

Les devoirs de la gendarmerie pour les jours suivants de la mobilisation sont définis dans l'instruction confidentielle du 20 décembre 1880, aux articles 77 et suivants. Il n'y aurait qu'à s'y reporter le cas échéant.

Enfin, il se conforme pour le surplus ainsi que pour les lettres d'avis n'ayant dû être remises à leurs destinataires, à ce qui est prescrit à l'art. 70 de l'instruction du 20 décembre 1880.

Inscrits maritimes. — D. Comment sont mis en route les inscrits maritimes au moment de la mobilisation. (Circ. minist. du 17 septembre 1887.)

R. Au moment de la mobilisation, les commandants de brigade de gendarmerie reçoivent des commissaires de l'inscription maritime, les ordres individuels de route et les bons de chemins de fer nécessaires aux inscrits; ils les leur remettent tout en conservant le talon de l'ordre de route, sur lequel ils relatent la date de la remise de cet ordre de route, et ils l'adressent directement à l'autorité maritime du lieu où chacun rejoint.

Une partie du bordereau qui accompagnait les pièces adressées est renvoyée, après avoir été complétée, au commissaire de l'inscription maritime.

Voies ferrées. — D. Quelle surveillance doit-on exercer sur les voies ferrées au moment de la mobilisation?

R. Empêcher toute destruction de la voie, du matériel et des ouvrages d'art. (Inst. minist. du 7 janvier 1887.)

D. Par qui cette surveillance est-elle assurée?

R. 1° Par les agents des compagnies qui ont la surveillance des voies;

2° Par les communes qui ont la surveillance des abords de ces voies sous la direction de la gendarmerie;

3° Par l'autorité militaire à qui est confiée la garde des ouvrages d'art.

D. Comment les communes assurent-elles ce service?

R. Des hommes désignés dès le temps de paix, par ordres individuels d'appel, pris dans l'arme à cheval de la réserve de l'armée territoriale, parmi les hommes à la disposition et parmi ceux des services auxiliaires, sont, au moment de la mobilisation, formés par groupes par les maires des communes qui sont, de même que les brigadiers de gendarmerie, détenteurs de consignes. Ces hommes reçoivent une indemnité journalière de 1 fr. 25.

D. Par qui sont surveillés ces postes?

R. Le commandant de la brigade de gendarmerie de chaque canton a le commandement des postes établis sûr l'étendue du parcours des voies de sa circonscription; pour s'assurer de leur vigilance, il fait faire des patrouilles par les gendarmes sous ses ordres. C'est sous la direction du commandant de l'arrondissement que ce service de police est exécuté.

Les gardes communaux sont justiciables des conseils de guerre.

D. Comment sont habillés, équipés et armés les gardes communaux?

R. Tous ont un brassard tricolore ; les chefs de groupes et leurs suppléants, seuls, ont une capote, un pantalon et un képi de troupe. Il est donné à chacun un sabre d'infanterie, ancien modèle, avec ceinturon.

Les fusils des sociétés et compagnies de pompiers, s'il en existe, sont requis; et, autant que possible, il est alloué 6 cartouches par arme.

CHAPITRE XI.

Destination à donner aux individus arrêtés.

A la maison d'arrêt. — 1° Ceux arrêtés en vertu d'un mandat d'*arrêt.*

2° Ceux arrêtés en vertu d'un jugement portant condamnation à l'emprisonnement.

Devant le juge mandant. — Ceux arrêtés en vertu d'un mandat d'*amener*, trouvés dans la circonscription dudit juge.

Devant le juge de paix. — Ceux arrêtés comme présumés avoir participé au crime d'incendie. (281. D. G.)

Devant le maire ou le juge de paix. — Individus arrêtés en vertu d'un mandat d'*arrêt* ou de *dépôt*, trouvés en dehors de la circonscription du juge mandant (98. C. I. C.), et les délinquants inconnus, pour délits forestiers. (163. C. F.)

Devant le maire.— Tout individu dont l'identité est à constater ou devant fournir caution pour dégâts commis ou blessures du fait de son imprudence. Et conformément à l'art. 318. D. G., les conducteurs de voitures obstruant les voies de communication avec résistance.

Devant le procureur de la République. — Ceux arrêtés : 1° pour vagabondage ; 2° pour mendicité étant valides, et dans les conditions de l'art. 333 du décret du 1er mars 1854; 3° en vertu de signalements; 4° pour faux papiers; 5° pour outrages ou rébellion envers la gendarmerie; 6° en vertu d'un mandat d'*amener*, lorsqu'ils ont été trouvés en dehors de la circonscription du juge mandant; 7° en flagrant délit de vol, d'assassinat, de viol, d'incendie, de blessures graves et autres méfaits qualifiés crimes ou délits par la loi.

Devant le commandant de recrutement. — Les insoumis arrêtés dans la circonscription du bureau auquel ils appartiennent.

Au chef-lieu du corps d'armée, ceux arrêtés en dehors de la circonscription du bureau auquel ils appartiennent. (Circ. minist. du 13 octobre 1879.)

Devant le commandant de gendarmerie du département. — Les déserteurs et les militaires absents illégalement de leur corps et arrêtés *hors* des limites de la garnison.

Nota. Dans la pratique, c'est à la place, quand il y en a une au chef-lieu, qu'on doit les conduire, à moins que le général commandant la subdivision de région, à la disposition duquel ils doivent être mis, n'en ait décidé autrement.

Devant les chefs de corps ou de détachement. — Les militaires arrêtés, en vertu d'un signalement, *dans* les limites de la garnison, et ceux arrêtés *hors* de la garnison, lorsque leurs corps est plus rapproché que le chef-lieu de département.

Militaires. — *Arrêtés comme s'étant rendus coupables de crime ou délit.* — D. Devant qui la gendarmerie doit-elle les conduire?

R. En principe, tout militaire ou assimilé en solde, en congé ou en permission, étant justiciable des tribunaux militaires pour les crimes et délits de droit commun qu'il a commis, doit être conduit, lorsqu'il a été trouvé en flagrant délit, devant le général commandant la subdivision de région. (Art. 56, 57, 58, Code de justice militaire.)

Cependant, si le crime ou délit avait été commis de complicité avec des individus non justiciables des tribunaux militaires, tous les prévenus, indistinctement, devant être traduits devant les tribunaux ordinaires (sauf dans les cas exceptionnels spécifiés au Code de justice militaire), il s'ensuit que les prévenus, militaires ou non, doivent être amenés devant le procureur de la République. (Art. 76 du Code de justice militaire.)

Contrebandiers. — Les individus arrêtés en flagrant délit de contrebande sont conduits devant le chef du service des contributions indirectes de l'arrondissement où la capture des objets de contrebande a été faite.

Les fraudeurs en matière d'allumettes sont conduits devant le directeur ou le sous-directeur des contributions indirectes le plus voisin (302 D. G.).

CHAPITRE XII

Armement et tir.

Carabine. — *Démontage.* — D. Quelles sont, par ordre, les pièces à démonter?

R. 1° la bretelle; 2° la baguette; 3° dévisser de trois filets seulement la vis-arrêtoir du cylindre; 4° enlever la culasse mobile en pressant sur la détente pour empêcher la gâchette de frotter sur la tête mobile.

Culasse mobile. — D. Comment s'y prendre pour la démonter?

R. 1° On la place dans la main gauche, le cylindre en dessus, le chien à droite, et on fait effort des deux mains pour conduire le chien à l'abattu.

2° Enlever la tête mobile;

3° Presser avec le pouce de la main droite sur la griffe de l'extracteur et le dégager de son logement;

4° Amener la fente de repère du manchon dans le prolongement de celle du chien; placer ensuite la pointe du percuteur dans le trou de la tête de baguette, et faire effort des deux mains pour comprimer le ressort à boudin; puis, saisir le manchon avec le pouce et le premier doigt de la main droite, le dégager du T et l'enlever.

5° Séparer le chien, le percuteur et le ressort à boudin.

D. Quelles sont encore les pièces que l'on est *autorisé* à enlever pour nettoyer l'arme?

R. On enlève la vis de culasse, puis l'embouchoir, la grenadière et la capucine. On renverse ensuite l'arme dans la main gauche, la sous-garde en dessus, la bouche du canon vers la terre. On frappe avec la main droite sur la poignée, et, une fois le canon dégagé, on l'enlève de son logement.

Remontage. — D. Comment s'opère-t-il?

R. On commence par replacer les pièces en sens inverse pour remonter le canon.

Culasse mobile. — D. Et pour la culasse mobile?

R. 1° On assemble le ressort à boudin, le percuteur et le chien;

2° On place la pointe du percuteur dans le trou de la tête de baguette, ou sur le coin d'un meuble en bois dur;

2° On saisit le manchon avec le pouce et le premier doigt de la main droite; l'on fait effort des deux mains pour comprimer le ressort, et dès que le T du percuteur se trouve en dehors du chien on y engage le manchon et on laisse le chien remonter lentement jusqu'aux ailettes du manchon;

4° On introduit l'extracteur dans son logement;

5° On enfonce le collet de la tête mobile dans le cylindre, et l'on fait tourner la tête mobile pour amener son renfort dans le prolongement de celui du chien.

6° On saisit le levier avec la main gauche, le cylindre en dessus, le chien à droite; on fait effort des deux mains en tournant la droite pour conduire le cran d'arrêt à celui de l'armé, le renfort de la tête mobile se trouvant dans le prolongement de celui du cylindre.

Introduction de la culasse mobile dans la boîte. — D. Comment se fait-elle?

R. On introduit la culasse mobile dans la boîte en appuyant sur la détente pour éviter le frottement de la gâchette sur la tête mobile. On rabat le levier à droite; on met le chien à l'abattu et on serre la vis-arrêtoir.

Distinction des vis. — D. Comment se distinguent les vis entre elles?

R. Les vis antérieures de sous-garde et de battant de crosse portent un coup de pointeau; les vis postérieures n'en ont pas.

Pièces à ne pas démonter. — D. Peut-on démonter pour les nettoyer : 1° la sous-garde; 2° le battant de crosse; 3° la plaque de couche?

R. Jamais.

Placement des carabines. — D. Comment doivent être placées les carabines dans les chambres?

R. Au râtelier. Toujours déchargées, le bouchon à la bouche du canon. Dans les chambres, les marches et les manœuvres, le bouchon est toujours à la bouche du canon et le chien au cran de sûreté.

Etui non ramené. — D. Si l'étui d'une cartouche n'avait pas été ramené par l'extracteur, que fait-on?

R. On referme l'arme et on la rouvre de nouveau, mais très lentement.

Usage de la baguette. — D. Et si exceptionlement il devenait nécessaire d'avoir recours à la baguette pour retirer une cartouche ou un étui?

R. Il faudrait ramener préalablement la culasse mobile en arrière; puis, si la cartouche n'a pas été tirée ou a raté, s'assurer avant de faire usage de la baguette que le percuteur ne fait pas saillie hors de la tête mobile.

Levier ne se relevant. — D. Si, après avoir fait feu on ne peut relever entièrement le levier?

R. Il faut introduire la baguette dans le canon et frapper avec la tête de légers coups pour décoller l'étui. Mais si l'adhérence de l'étui est très forte, il faut dévisser la vis-arrêtoir.

Revolver. — *Démontage.* — D. Comment s'y prend-on pour le démonter?

1° Placer le revolver à plat dans la main gauche, la baguette en dessus, le pouce sur le poussoir; 2° dégager la tête de baguette; 3° faire effort sur le poussoir et enlever l'axe du barillet; 4° mettre le chien au cran de sûreté; 5° ouvrir la porte; 6° enlever le barillet.

Plaquette. — D. Comment l'enlever?

R. 1° Dévisser la vis de plaque de recouvrement; 2° introduire la lame du tourne-vis dans l'échancrure et enlever la plaquette gauche.

Platine. — Comment la démonter?

R. 1° Conduire le chien à l'abattu; 2° ouvrir la clef du grand ressort; 3° dégager ce ressort de l'étouteau et ses griffes du pivot de chaînette; 4° enlever le grand ressort; 5° mettre le chien au cran de l'armé; 6° appuyer sur la détente pour supprimer le contact du mentonnet et de la gâchette d'avec le chien; 7° enlever le chien, 8° presser avec le pouce de la main droite sur la feuille postérieure du pontet et dégager le T de son logement; 9° saisir les extrémités de la gâchette et l'enlever; 10° enlever le ressort de gâchette; 11° ramener la détente en avant, tenant l'arme à plat dans la main gauche, la crosse en avant. Soulever la détente avec la main droite et l'enlever; 12° séparer la barrette d'avec le mentonnet.

Remontage de la platine. — D. Comment s'opère celui de la platine du revolver?

R. 1° Réunir la barrette et le mentonnet à la détente ;

2° Placer la détente, le mentonnet en avant de l'axe du chien ;

3° Placer le ressort de détente, les deux branches sous la griffe ;

4° Placer le ressort de gâchette ;

5° La gâchette, sa queue en arrière et contre l'axe du chien ;

6° Placer le pontet en pressant avec la paume de la main droite, pour faire rentrer le T dans son logement ;

7° Saisir la poignée avec la main gauche, le premier doigt sur la détente ; pousser en même temps la queue de gâchette en arrière avec le premier doigt de la main droite. Agir sur la détente, engager le chien sur son axe et le conduire à l'abattu avant d'abandonner la détente ;

8° Engager la griffe du grand ressort dans les pivots de chainette et placer son épaulement contre l'étouteau ;

9° Fermer la clef.

Remontage du revolver. — D. Comment s'opère le remontage de l'arme ?

R. 1° On replace la plaque de recouvrement ; 2° le barillet ; 3° l'axe du barillet ; 4° on fixe tête de baguette ; 5° fermer la porte.

Pièces à laver. — D. Quelles sont les pièces à laver à grande eau après chaque tir?

R. Le canon et le barillet.

Platine. — D. Quels sont les soins que réclame la platine?

R. Si elle n'a pas besoin d'un nettoyage à fond, on l'essuie soigneusement avec un linge bien sec, après avoir enlevé la vieille graisse avec une curette en bois tendre; puis on met une goutte d'huile à toutes les pièces qui font frottement.

Pièces rouillées. — D. Et s'il se trouve des pièces rouillées?

R. On les frotte avec un linge recouvert de brique brûlée, pulvérisée, tamisée et délayée dans de la graisse.

Ressort de porte. — D. Quels soins particuliers réclame le ressort de porte?

R. Il faut fréquemment y placer une goutte d'huile.

Revolver chargé. — D. A quelle position doit être le revolver?

R. S'il est chargé, il doit être au cran de sûreté. Toutes les fois qu'il ne l'est pas, le chien doit être placé à l'abattu.

Défense pour le canon. — D. Quelle est la défense relative au canon du revolver?

R. C'est de ne jamais munir sa bouche d'un bouchon.

Chargement et déchargement. — D. Quels sont les ordres formels concernant le chargement et le déchargement?

R. C'est de ne jamais charger ou décharger le revolver dans l'intérieur des casernes, mais seulement dans la cour et la bouche du canon dirigée vers la terre.

Place du revolver. — D. Où doit être placé le revolver dans les chambres ?

R. Au râtelier d'armes, suspendu par l'anneau de calotte.

NOTIONS SUR LE TIR

Ligne de mire. — D. Indiquez ce que c'est ?

R. C'est la ligne droite que suit le rayon visuel passant par le fond du cran de la hausse et le sommet du guidon.

Trajectoire. — Qu'entend-on par trajectoire ?

R. La ligne suivie par le projectile depuis sa sortie de l'arme jusqu'à ce qu'il tombe à terre ou vienne frapper le but.

But en blanc. — D. Qu'appelle-t-on but en blanc ?

R. C'est le point précis où le projectile pendant son trajet se rencontre avec la ligne de mire.

Conditions à observer pour bien tirer. — *Position du corps.* — Quelles sont celles qui ont rapport au corps ?

R. 1° Se fendre en arrière et sur la partie droite en avançant l'épaule qui sert d'appui à la crosse ; 2° embrasser fortement la poignée de l'arme avec la main droite, le coude droit élevé ; 3° la main gauche soutenant l'arme par son centre de gravité ; 4° exercer avec les deux mains une traction continue de l'arme vers l'épaule, qui se porte en avant par un léger mouvement, afin d'arrêter la crosse, et qui par un autre mouvement de bas en haut, amène la ligne de mire à hauteur de l'œil ; 5° retenir sa respiration.

Tenue de l'arme. — D. Quelles sont les conditions à observer pour la tenue de l'arme et pour déterminer son départ ?

R. 1° L'arme d'aplomb, la hausse et le guidon ne penchant ni à droite, ni à gauche; 2° la joue à hauteur du busc, sans toucher la monture; l'œil droit sur le prolongement de la ligne de mire; 3° exercer alors de suite une pression graduelle avec la deuxième phalange du premier doigt de la main droite, afin d'amener la gâchette sur le bord du cran de la noix ; 4° déterminer le départ du coup, par un léger effort du doigt, aussitôt que le *sommet* du guidon apparaît en même temps dans le *milieu* du cran de mire et *sous* le petit cercle noir de la cible.

S'habituer à tirer très promptement.

TABLE

ALPHABÉTIQUE DES MATIÈRES

A

B

C

I

J

L

M

R

S

Paris et Limoges. — Imp. militaire H. Charles-Lavauzelle

www.ingramcontent.com/pod-product-compliance
Ingram Content Group UK Ltd.
Pitfield, Milton Keynes, MK11 3LW, UK
UKHW021051230726
13926UKWH00004B/1778

9 782013 664417